KB123098

기로에 선 천년 왕국 신라를
이끌었던 주인공들

천년왕국 신라의 운명을 바꾼 사람들

이부오 지음

역사산책

신라는 기원전 57년부터 기원후 935년까지 천 년 가까이 존속했다. 고려가 474년, 조선이 518년간 이어진 것과 비교하면 아주 긴 세월이다. 천하를 호령하던 중국의 왕조들이 짧게는 수십 년, 길어도 300여 년 만에 역사의 뒤안길로 사라졌다. 신라의 존속 기간은 고대 로마에도 크게 뒤지지 않는다.

고대 삼국 중에서 신라는 가장 늦게 성장했으며 세력도 제일 약했다. 하지만 일단 성장의 기세를 잡은 뒤에는 이를 놓치지 않았고, 결국에는 백제와 고구려를 눌러 삼국 통일의 주인공이 되었으며 그 뒤로도 상당한 기간 동안 번영을 이루었다. 멸망한 뒤에는 김씨와 박씨 등 많은 인구를 차지하는 성씨를 비롯해 불교와 유교 문화, 중앙집권적 정치 등 그 유산이 고려와 조선을 거쳐 현재 우리에게까지 상당한 영향을 끼쳤다. 그럼 신라가 오랫동안 번영한 비결이 뭘까?

신라는 태백산맥 꼬리뼈의 잘록한 골짜기에서 탄생하고 낙동강 유역을 무대로 성장했다. 소백산맥으로 차단된 지리적 조건이 선진 문물 수용에 지장을 주었지만, 비교적 안정된 환경에서 성장하는 바탕을 제공했다.[1] 건국 초부터 강하게 유지된 전통적인 지배 질서가 국가적 단결에 유리했다는 주장도 있다. 그런데 신라도 성장 과정에 수많은 격동을 겪었고, 세력의 부침도 적지 않았다. 이를 극복하고 천년 왕국이 된 요인을 환경적인 측면에서만 찾을 순 없다. 한 나라가 주변 세력과 끊임없이 경쟁하는 가운데 발전하려면 한정된 역량을 효과적으로 투자하고, 결정적인 순간에 지혜로운 선택을 해야 한다. 신라도 그랬을 것이다. 번영과 쇠락의 기로에 선 신라의 운명을 개척한 사람들이 어떤 구실을 했는지 이해할 필요가 있다. 그 주인공은 왕일 수도 있고, 영웅일 수도 있고, 다수의 평범한 사람들일 수도 있다.

이 책의 목적이, 신라의 운명을 바꾼 사람들을 조명해 보는 것이다. 신라의 역사는 소국에서 출발해 고대국가로 발전하던 시기, 삼국 통일로 번영의 절정을 구가하던 시기, 국운이 기우는 가운데 부흥을 꿈꾸던 시기로 나눌 수 있다. 각 단계마다 기로에 선 신라의 운명을 이끌어 간 사람들에 대한 이야기를 풀어내려고 한다.

대한민국 임시정부 수립 이래 100년 조금 넘는 세월이 흘렀다. 1948년 정부 수립을 기준으로 하면 73년이 지났을 뿐이다. 건국 당시 형편을 생각하면 대한민국이 커다란 발전을 이뤄 냈다. 하지만 출발부터 품을 수밖에 없던 민족 분단의 문제는 쉽게 해결될 기미가 보이지 않고, 주변 강대국 사이에서 우리 입지를 확보하는 일도 녹록지 않다. 해방 직후 시작된 이념 갈등은 신자유주의에 따른 계층 갈등까지 더해져 한국 사

---

1 신형식, 『신라사』, 이화여자대학교출판부, 1985, 34쪽.

회를 짓누르고 있다. 앞으로 수백 년 이상 번영하려면 역사에서 지혜로운 선택의 순간을 살펴보는 작업이 반드시 필요하다. 우리가 겪고 있는 문제들은 신라인에게 닥쳤던 위기와 겹치는 부분이 적지 않다. 신라의 운명을 바꾼 주인공들의 구실을 참고한다면 오늘 우리의 문제를 해결하는 데도 작은 보탬이 될 것이다.

차
례

2장 통일 왕국의 절정

1장

천년 왕국의 여명

1

신라를 세운 수많은 혁거세들

혁거세 신화의 의문

신라는 기원전 57년에 박혁거세朴赫居世가 세웠다고 알려져 있다. 그로부터 56대에 이르는 왕이 즉위했으니, 박혁거세는 신라의 상징적 인물이다. 하지만 고려를 세운 왕건王建이나 조선을 세운 이성계李成桂에 비해 박혁거세의 이미지는 왠지 어렴풋하다.

박혁거세에 대한 이야기는 김부식金富軾의『삼국사기三國史記』와 일연一然의『삼국유사三國遺事』에 실려 있다. 이에 따르면, 박혁거세는 기원전 69년 오늘날 경주시 탑동의 나정蘿井에서 알을 깨고 태어났다. 그리고 열세 살 되던 해에 경주 지역 6촌장의 추대로 신라의 거서간이 되었다고 한다. '간'은 부족장을 가리키는 말로, 마립간의 간이나 몽골에서 최고 지배자를 가리키는 칸과 같은 뜻이다. '거서'는 높고 존귀함을 가리킨다.

이 주변 지역이 박혁거세가 알을 깨고 태어난 나정으로 전한다. 사진 중앙부의 불룩한 곳에서 평면 8각형으로 만들어진 신라의 제사유적이 발견되었다.

즉 국가의 지배자를 가리키는 거서간은 왕과 의미가 같다. 이 이야기에 따르면, 박혁거세가 기원전 37년에 고구려를 세웠다는 주몽朱蒙이나 기원전 18년에 백제를 세웠다는 온조溫祚보다 앞서 신라를 세웠다. 하지만 이렇게 받아들이기에는 의문점이 적지 않다.

혁거세가 박씨인 것은 그가 깨고 나온 큰 알이 마치 박[瓠]과 같았기 때문이라고 한다. 고구려의 주몽이나 금관국의 수로왕首露王도 알에서 태어났다고 한다. 주인공이 알을 깨고 태어났다는 난생신화는 한반도뿐만 아니라 동남아에 많이 분포한다. 알은 하늘을 나는 새가 낳는 것이기 때문에 하늘과 인간을 연결하는 상징으로 중시되었다. 3세기 이후 신라와 가야 지역 무덤에서 등장하는 오리 모양 토기도 죽은 자가 하늘로 올라가기를 바라는 마음을 표현한 것이다. 솟대에 새를 조각해 올린 것도 같은 의미다. 따라서 혁거세의 탄생에 등장하는 알은 하늘의 권위로 그를 장식하기 위한 장치다. 『삼국유사』에서는 그 알이 자색, 즉 자줏빛이었다고 한다. 밤하늘에서 유일하게 움직이지 않는 별인 북극성을 상징하는 색으로 세상에서 유일한 존재인 왕의 권위를 드러낸 것이다. 수로왕의 탄생 신화에서도 알이 자줏빛 끈에 매달려 하늘에서 내려온다.

혁거세를 품은 알은 나정 주변에서 앞에 말한 6촌장 중 한 명인 고허촌장 소벌도리蘇伐都利가 발견했다는데, 바로 옆 숲에서 말이 무릎을 꿇고 운 것이 계기가 되었다. 이 이야기를 전하는 『삼국유사』에 등장한 백마는 경주 대릉원의 천마총에서 나온 말안장 드리개에도 그려져 있다. 말 탄 사람의 다리에 진흙이 튀지 않도록 대는 가리개는 말 옆에서 잘 보이기 때문에 바깥 면에 그려진 그림에서 말은 하늘을 나는 모습이다. 주인공이 말을 타고 하늘로 올라가기를 기원한 것이다. 역시 혁거세 신화에서 말은 하늘의 권위와 인간을 연결하는 메신저 구실을 한다.

한편 알은 생명을 품은 근원이기도 하다. 교회에서 부활절에 삶은 달걀을 예쁘게 포장해서 선물하는 것도 알이 생명의 탄생을 뜻하기 때문이다. 고대에 왕의 생명은 무엇보다 귀중했으며 국가 구성원의 생명도 나라를 유지하는 데 기반이 되었다. 인구가 늘어야 세금을 쉽게 걷고 군대와 노동력을 동원할 수 있었기 때문이다.

그런데 박혁거세라는 칭호는 역사적 실상과 거리가 있다. 신라에서 성씨는 565년에 진흥왕眞興王이 북제北齊 무성제武成帝에게 책봉되는 과정에 김씨라고 칭하면서 쓰이기 시작했다. 그 뒤 신라의 왕족은 줄곧 김씨로 불렸다. 박씨는 삼국 통일 직후부터 쓰였다는 견해가 있다. 하지만 신라 초기, 즉 1대 혁거세부터 8대 아달라왕阿達羅王까지 박씨 왕이 모두 일곱 명이다. 14대 석씨 유례왕儒禮王의 어머니가 박씨라는 기록도 있다. 22대 김씨 지증왕智證王과 23대 법흥왕法興王의 부인도 박씨다. 박씨 세력은 건국 초기부터 면면이 이어져 내려온 것이다. 이런 세력의 실체는 인정할 수 있다. 그래도 이들이 혁거세 시기부터 박씨로 칭했다고 보기는 어렵다. 혁거세에게 박씨를 붙인 것은 신라에서 성씨가 쓰인 진흥왕 대 이후의 일이기 때문이다.

박혁거세가 즉위했다는 기원전 57년이 갑자년이고 그가 사망했다는 기원후 4년도 갑자년이다. 73세까지 살았다는 것은 상식적으로 납득할 만한 수준이다. 하지만 갑자년부터 갑자년까지 정확히 60년, 즉 1주갑 동안 재위했다는 것은 우연으로 보기에 확률이 매우 낮은 편이다. 그래서 이 점은 박혁거세의 실제 재위 연대를 의심하는 근거가 되었다.

또 즉위할 때 열세 살이었다는 것은 어떨까? 조선 시대에도 10대 초반에 즉위한 왕이 적지 않고, 신라의 24대 진흥왕은 7세에 즉위했다. 하지만 이들이 즉위한 것은 기존 왕과 지배 세력 간에 끈끈한 합의가 있었기 때문이다. 경주 일대에 촌장들이 독자적 지배권을 가진 상황에서 나라를 세우려면 이들을 제압하거나 통솔할 수 있는 세력 기반을 갖춰야 했다. 열 살 남짓한 나이에 이런 조건을 갖추기란 불가능하다. 경주 일대의 세력을 자신의 아래로 끌어들이거나 제압하는 과정에 틀림없이 수많은 난관이 닥쳤을 것이다.

혁거세가 나라를 세운 무대가 6촌이다. 당시에는 촌村이 사로국, 즉

오늘날 경주에 자리하며 진한에 속한 작은 나라를 구성하는 단위였다고 한다. 촌이라는 제도는 중국에서 3세기에 나타났다 하고, 고구려에서는 5세기 초에 세워진 광개토대왕비에서부터 확인된다. 신라가 각 지방에 촌을 편성한 시기도 5세기 무렵이다. 한반도 남부 일대에서 나라를 세운 지배자들은 일반적으로 토성土城을 쌓아 근거지로 삼고 읍락을 거느렸다. 신라가 건국할 때도 예외는 아니었다. 따라서 앞에 말한 6촌은 크게 볼 때 청동기시대의 부족을 계승한 읍락을 가리키는데, 혁거세 신화에서 이를 촌이 편성된 이후의 관점으로 설명한 것이다.

이렇게 혁거세 신화에는 상식적으로 이해하기 어려운 요소들이 많다. 건국 당시 상황을 후대의 관점으로 정리한 결과다. 하지만 혁거세 신화만 건국 과정을 윤색한 것은 아니다. 중국의 전설적 제왕인 복희伏羲는 어머니가 엄청나게 큰 거인의 발자국을 밟고 이상한 기운을 느끼며 임신해서 낳았고, 그 황후나 누이로 불리는 여와女媧는 사람의 얼굴에 뱀의 몸뚱이를 가졌다고 한다. 로마를 세운 쌍둥이 로물루스와 레무스는 늑대 젖을 먹고 자랐다고 한다. 이 모든 신화가 후대의 관점으로 건국 당시 상황을 신비롭게 윤색한 것이다. 그리고 사실로 받아들일 순 없지만, 실제 사실을 바탕으로 했다는 점에서 역사적 가치를 인정받고 있다. 혁거세 신화도 혁거세로 대표되는 인물이 경주에서 나라를 세웠다는 분명한 역사적 사실을 바탕으로 후대의 관점에서 기록되었다. 당시에 존재한 사실과 여기에 덧칠된 허구의 관계를 올바르게 추적할 필요가 있다.

경주 오릉에 전하는 혁거세 이야기

혁거세가 나라를 다스린 지 60년 만인 기원후 4년 봄, 3월에 세상을 떠났다고 한다. 역사책에서 말하는 시기는 보통 음력이 기준이다. 따라서 3월은 대체로 양력 4월, 비닐하우스가 보급되기 전에는 논에 볍씨를 뿌리기 시작한 시기다. 작물에 따라 파종 시기가 다르지만, 4월이면 농사가 본격적으로 시작되고 만물에 생기가 돈다. 그래서 혁거세의 재위와 사망 시기에 대한 기록은 새로운 지배자가 나타나 신라 사람들을 더욱 풍요롭게 해 달라는 염원의 표현으로 볼 수 있다.

혁거세는 죽은 뒤 하늘로 올라가, 7일 후에 그 몸이 머리와 팔다리 등 다섯 개로 흩어져 땅에 떨어졌다고 한다. 7일은 달이 차는 데 걸리는 시간인 보름의 절반이니, 혁거세의 재생을 의미한다. 보통 시체가 분리된다면 끔찍하고 괴기스러운 일이다. 하지만 성인聖人의 경우에는, 한 몸이 여럿이 되는 것이라서 재생과 부활을 의미한다. 즉 혁거세가 죽은 뒤 다시 살아나 세상에 풍요를 전해 주었다는 이야기가 된다. 왕후 알영閼英도 혁거세를 따라 세상을 떠났다고 하는데, 이 이야기를 전하는『삼국유사』에서 알영은 혁거세와 같은 날 태어났다. 알영이 혁거세의 분신인 것이다. 그렇다면 왕후가 혁거세를 따라 세상을 떠난다는 것이 자연스럽다.

혁거세의 몸이 흩어져 떨어졌을 때 나라 사람들이 이를 알영과 장사 지내려고 했다. 그러자 큰 뱀이 와서 방해했다고 한다. 우리 민속에서 뱀은 원한이나 연모의 정을 품고 죽은 사람의 영혼이나 성욕이 왕성한 사람을 상징한다. 성경에서는 뱀이 이브를 꾀어 아담과 함께 선악과를 먹게 해 낙원에서 추방당하게 만들었다. 이와 달리 중국 신화에서 뱀은 앞에서 말한 여와를 상징한다. 우리 속설에 구렁이가 집 안 깊숙이 똬리를 틀고 있으면 집안이 잘된다고도 한다. 경주 대릉원 일대의 계림로 30호분과 노동동 11호분에서 나온 긴목항아리에는 개구리를 쫓는 뱀들이 실감 나게 묘사되어 있다. 이 뱀들은 죽은 자에게 생명과 활력을 불어넣고 싶다는 소망을 나타냈을 것이다. 그 옆에 장식된 남녀의 성교 장면도 생명의 탄생과 가족의 번성이라는 염원의 표현이다. 혁거세와 알영의 장례를 막은 큰 뱀도 원한을 풀러 왔을 리가 없다. 부부를 한데

개구리를 쫓는 뱀이 장식된 긴목항아리
1973년에 발굴된 돌무지덧널무덤인 계림로 30호분에서 발견되었다. 뱀이 가야금 아래를 통과해 개구리를 쫓고 있다.

묻는 것보다 더 좋은 방식으로 장례를 지내라는 토지신의 명령을 전달하려고 등장한 것이다.

결국 사람들은 혁거세의 머리와 사지를 각각 장사 지내 다섯 릉[五陵]을 만들었다고 한다. 뱀이 등장하는 이야기 때문에 이 무덤을 사릉[蛇陵]이라고도 불렀고, 『삼국유사』는 이곳이 담엄사 북쪽이라고 한다. 현재 오릉은 경주 남산 북쪽 끝자락에서 서쪽으로 낮게 이어진 산등성이 아래에 있다. 경주 시내의 대릉원에서 남쪽으로 내려오다 남천을 건너면 오른쪽에 해당한다.

박혁거세에게 제사하는 시설인 숭덕전 뒤편에 자리한 오릉이 얼핏

오릉
혁거세의 무덤으로 전하지만, 4세기 이후의 돌무지덧널무덤일 가능성이 크다. 왼쪽의 제일 큰 무덤이 1호분이고, 맨 오른쪽이 2호분이다.

보면 다섯 봉분이지만, 자세히 살펴보면 혁거세의 장례 기록과 일치하지 않는 점이 있다. 오릉에서 서쪽 끝에 있는 1호분은 지름이 38.6미터, 높이가 7.25미터로 가장 크다. 북쪽의 4호분은 남북으로 긴 타원형이고, 가운데 자리한 3호분과 그 동북쪽에 있는 5호분은 동그란 편이다. 가장 작은 5호분은 지름이 17미터, 높이가 2미터다. 한 사람을 묻었다고 보기에는 봉분의 형태, 배치와 크기가 제각각인 것이다. 특히 사진에서 오른쪽에 보이는 2호분은 두 봉분이 붙어서 동서로 긴 표주박 형태다. 대릉원의 황남대총에서도 보이는 이런 고분은 기존 무덤에 다른 사람의 무덤을 잇대어 만들었다. 서남쪽으로 돌출된 오릉 1호분도 먼저 있던 큰 무덤에 작은 무덤을 잇대어 만들었을 가능성이 크다. 전체적으로 봉분 하나에 혁거세의 몸 조각이 하나씩 묻혔다고 보기는 곤란하다. 봉분을 일곱 개 이상으로 볼 수도 있다.

그런데『삼국사기』에 이와 전혀 다른 이야기가 전한다. 혁거세를 비롯해 2대 남해차차웅南解次次雄, 3대 유리이사금儒理尼師今, 5대 파사이사금婆娑尼師今 등 신라의 초기 왕들이 오릉에 묻혔다는 것이다. 알영까지 더하면 무덤의 주인공은 역시 다섯 명이고, 실제로 오늘날 이들을 오릉의 주인공으로 보기도 한다. 혁거세의 몸을 다섯 봉분에 나누어 묻었다는 것보다 현실적인 이 이야기에 따르면, 오릉의 봉분이 1세기부터 2세기 초 사이에 조성된 셈이다. 하지만 이 시기 경주에서 유행한 무덤은 널무덤木棺墓이고, 규모는 요즘 쓰는 목관보다 조금 큰 정도다. 당시의 널무덤은 오릉의 봉분과 비교가 안 될 만큼 작고, 봉분이 거의 남아 있지 않다. 나무로 널을 짜서 지하에 안치했으니, 무덤이 클 리가 없다. 오릉처럼 봉분의 지름이 30미터가 넘는 것은 대체로 돌무지덧널무덤^{積石木槨墳}이다. 1호분 정상의 함몰 부분이 그 증거다. 돌무지덧널무덤은 먼저 대규모 곽을 짜고, 그 안에 관을 안치한 뒤 돌무지와 봉토를 두껍게 덮은 것이다. 나중에 곽이 봉분의 무게를 견디지 못하고 무너지면, 정상에 함몰부가 생기게 된다. 기술적인 문제 때문에 오릉의 내부를 발굴한 적이 없지만, 나머지 봉분도 이런 구조일 가능성이 크다. 그리고 신라에서 돌무지덧널무덤이 유행한 시기는 4세기 중엽부터 6세기 초까지라서, 이 무덤의 주인공이 1~2세기의 왕일 가능성은 매우 낮다.

그럼 왜 오릉에 혁거세와 건국 초기의 왕들이 묻혔다고 전하게 됐을까? 신라에서 가장 오랫동안 쓰인 궁궐이 오늘날의 월성 주변에 있었다. 월성이 조성되기 전 중심지는 남산 서북쪽 기슭으로 추정될 뿐 정확한 위치는 알 수 없다. 다만 혁거세 관련 기록에 등장하는 담엄사 북쪽과 오릉 일대도 이 범위에 포함되고 오릉이 두드러지기 때문에 혁거세의 장례 기록과 연결되었을 것이다.

오릉과 숭덕전 사이에는 알영정^{閼英井}이 있다. 용이 나타나 옆구리에서 알영을 낳은 장소라는 이곳에서 동남쪽으로 700미터 거리에는 나정이 있다. 두 유적은 조선 시대부터 정비를 거듭했는데, 나정에서 8각형 시설물이 발굴되어 토기와 기와를 통해 통일신라기 제사 시설로 추정되었다. 사용 시기가 혁거세 대와는 거리가 있지만, 이곳에 아무런 근거 없이 국가적으로 중요한 제사유적이 조성되었을 리는 없다. 나정 일대에서는 철기 시대 초기 이후 5~6세기의 신라 토기도 발견되어 신라의 건국 과정에서 중요한 구실을 한 지역임을 보여 준다.

오릉이 혁거세나 신라 초기 왕들의 무덤이라는 이야기가 역사적 사실과 거리가 있지만, 일방적인 날조라고 보기도 어렵다. 적어도 신라 건국 시기의 역사적 상황을 바탕으로 한 이야기가 오랜 세월 동안 전승되면서 새로운 이야기가 덧붙은 것이다. 그렇다면 혁거세 신화에서 역사적 실체를 얼마나 건져 낼 수 있을지 궁금해진다.

신라의 건국과 혁거세의 실체

혁거세의 실체를 알려면 기원전 1세기 무렵 경주에 어떤 세력이 있었는지부터 살펴봐야 한다. 『삼국사기』에 따르면, 원래 중국의 진秦이 혼란해지자 그 난리를 피해 경주 일대로 와서 산 사람들이 있다. 진시황秦始皇의 진이 기원전 207년에 망했으니, 기원전 3세기 말부터 중국인들이 경주를 비롯한 경상도 지역에 살기 시작했다는 것이다. 진시황이 중국 역사상 최초의 통일 제국을 유지하기 위해 가혹하게 통치했다는 사실은 잘 알려져 있다. 진이 멸망하고 한漢이 들어서던 혼란기에 중국에서는 많은 난민이 생겼다. 그중 일부가 요동반도와 한반도 북부를 거쳐 경상도 지역까지 들어왔을 가능성이 있다. 진수陳壽의 『삼국지三國志』는 노인들이 대대로 전하는 말을 통해, 이 진의 망명인들이 신라를 세웠다고 했다. 『삼국유사』에서 최치원崔致遠은 이들을 연燕 사람들이라 불렀다고 하는데, 이들은 전국시대기원전 403~221에 있던 나라 연의 사람들이 아니라 오늘날 베이징 일대인 연 지역에 있던 진의 사람들을 가리킬 것이다.

하지만 이들이 신라를 세웠다고 인정할 만한 근거는 희박하다. 이런 이야기에서 진이 등장하는 이유는 진한과 발음이 비슷한 데서 찾을 수 있다.

『삼국사기』에서는 혁거세가 태어나기 전에 조선 유민들이 산골짜기에 나뉘어 살았다고 했다. 이때 조선은 기원전 108년에 한에 멸망당한 고조선을 가리킨다. 평양 일대에 낙랑군이 들어서면서 많은 사람들이 남쪽으로 망명한 것이다. 실제로 경주의 입실리, 조양동, 죽동리, 탑동 일대에서 한반도 북부 지역의 문화적 영향을 받은 기원전 1세기의 목관묘가 많이 확인되었다. 함께 매장된 청동 수레 장식, 말방울, 말재갈, 청동거울 등의 기능과 모양이 평양 일대에서 발견되는 것과 매우 유사하다. 이 무덤들의 주인공 중 상당수는 평양 일대에서 내려와 정착했을 것이다. 경주분지는 형산강과 북천, 남천 일대의 배후습지를 넓게 포함하고 있어 농사가 편한 곳은 아니었다. 강수량이 적은 편이고, 눈도 잘 내리지 않는다. 다만 동쪽의 토함산과 명활산 방면에서 서쪽으로 흐르는 지하 수맥이 많아 우물을 파고 살기에는 나쁘지 않았다. 평양 일대에서 내려온 망명인들에게는 생활의 윤택함보다 한반도의 동남쪽에 치우친 지리적 안전성이 매력적이었다.

그런데 경주 지역에는 토착인들이 있었다. 기원전 8세기부터 2세기까지 경주 각지에 고인돌을 남긴 사람들이다. 고인돌의 분포로 보면, 이들이 경주의 여러 지역에 많은 소읍락을 이루고 산 것 같다. 이 소읍락들이 기원전 1세기를 거치면서 대략 여섯 읍락으로 통합되었다. 혁거세를 왕으로 추대했다는 6촌장이 이를 나타낸다. 6촌의 위치는 대략적이나마 특정할 수 있다. 알천 양산촌은 경주 시내의 월성 주변, 돌산 고허촌은 오릉과 나정을 포함한 남산의 서북쪽 기슭 일대, 취산 진지촌은 경주 시내 동남쪽의 낭산 일대, 무산 대수촌은 건천 방향의 모량리 주변, 금산 가리촌은 경주 시내에서 동북쪽인 소금강산 주변, 명활산 고야촌은 시내에서 동쪽으로 있는 명활산 일대다. 촌 앞에 붙은 산은 각 시조가 내려온 곳으로 전한다. 이 공간이 경주분지와 대체로 일치한다. 『삼국유사』에서 소개한 6촌에 속한 소촌까지 포함하면 6촌의 범위에 경주시 관내가 거의 들어간다. 하지만 이는 고려 시대까지 편성된 촌의 소속을 합쳐 말한 것이라서, 신라 건국 당시의 상황과는 거리가 있다.

한편 6촌장을 모두 토착 세력으로 보기는 어렵다. 기원전 1세기에 경주에 들어온 고조선의 망명인 중 상당수도 점차 토착 세력이 되었기 때문이다. 이들은 고조선에서 가져온 철기 기술이나 정치적 경험으로 고인돌 주인공의 후예들보다 우월한 지위를 차지했을 것이다. 고조선의 망명인과 기존 토착 세력이 충돌과 타협을 거치면서 6촌장이 대표하는 세력을 형성한 것이다. 물론 이들 사이에도 세력의 차이가 있었다. 예컨대 앞에서 말한 것처럼 고허촌장이 소벌도리인데, '소벌'이 '높다'는 뜻을 담고 있다. 소벌도리는 6촌장이 모여 의논할 때 주도적인 위치에 있었을 것이다. 혁거세 탄생 신화에 등장하는 것도 이런 지위를 말해 준다. 알영정에서 알영을 거둔 사람은 노구, 즉 할멈으로 전한다. 왕비의 탄생을 범상치 않게 생각한 할머니가 보통 사람은 아니었을 것이다. 이 할멈은 고허촌 일대의 지배 세력에 속하거나 제사를 주관하는 사람이었다.

알영이 우물가에서 태어났기 때문에 지신地神을 섬기는 토착 세력으로 추정되기도 했다. 하지만 탄생 과정에 용이 나타나는 점은 외래적인 요소다. 알영은 고조선 망명인 가운데 신라 건국에 협조한 세력을 대표할 것이다.

이렇게 두드러진 세력들이 등장함에 따라 이들 사이에 주도권을 둘러싼 충돌과 협조가 되풀이되었고, 이를 일단락한 것이 바로 혁거세 거서간의 등장이다. 이를 통해 경주시 일대를 아우르는 사로국이 탄생했다. 경상북도 일대에서 만들어진 작은 나라들 중 하나였던 사로국이 성장하면서 이름을 신라로 바꿨다.

혁거세는 알지거서간으로도 불렸다. 알지閼智는 김씨의 시조로 전하며 글자 자체의 뜻은 '작은 아이' 또는 '처음', '시조'다. 『삼국유사』 왕력편은 남해차차웅도 거서간이라고 했다. 거서간이 혁거세를 가리키는 고유명사가 아닐 수 있는 것이다. 이는 혁거세의 재위 기간에서도 드러난다. 『삼국사기』는 혁거세가 기원전 69년에 태어났다고 하지만, 『삼국유사』에 인용된 고본은 기원후 25년 또는 기원전 138년에 태어났다고 한다. 이렇게 혁거세의 탄생 기록에 160년 이상 차이가 나는 것을 단순한 실수로 볼 순 없다. 혁거세가 정확히 1주갑 동안 재위했다거나 거서간으로 불린 인물이 복수라는 점도 여기에 힘을 보탠다. 혁거세는 사로국 초기인 기원전 1세기부터 기원후 1세기까지 여러 대의 지배자들을 상징하는 인물로 볼 수 있다.

경주의 기존 토착 세력에 대해 알려 주는 지석묘는 경주분지와 그 주변 계곡에 고루 퍼져 있었다. 그 반면 사로국 탄생기의 목관묘는 울산 방면 외동 일대에서 집중적으로 발견되었다. 그래서 사로국 초기의 중심지가 이곳이라는 견해도 많다. 그런데 2000년대 들어 남산 북쪽의 탑동, 내남면 덕천리 등지에서도 목관묘가 발견되었다. 그 안에 있던 호랑이 모양 띠고리와 청동거울, 청동검, 철검, 목걸이 등은 유력한 지배자의 무덤임을 알려 준다. 특히 서면 사라리에서는 다량의 덩이쇠와 장식품이 부장된 1세기 말의 목관묘가 확인되었다.

물론 이런 자료만으로 어느 목관묘의 주인공이 당시 최고 지배자였는지를 알 수는 없다. 규모와 부장품 면에서 압도적인 무덤은 없기 때문이다. 하지만 당시 매장 문화가, 봉분과 부장품의 규모로 권위를 과시하는 돌무지덧널무덤을 만들 때와는 달랐던 것 같다. 탑동 목관묘는 오릉과 나정에서 비교적 가까이 있다. 오릉에서 동쪽으로 800여 미터 떨어진 곳에는 5, 6세기 이전에 도당산성이 조성되었다. 이런 유적을 사로국 건국과 바로 연결할 순 없어도 이 일대가 사로국 건국 당시 중요한 근거지였을 가능성은 보인다.

앞서 말한 것처럼 고조선의 망명인들에게 경주 지역은 신변 안전을 도모하는 피난처이자 새로운 기회의 땅이었다. 토착인들에게는 이들이 새로운 기술과 문물을 전하는 동시에 자신의 터전을 위협하는 존재였다. 두 집단 사이에 적지 않은 충돌이 일어났을 것이다. 고고학적 증거로는, 이들의 충돌이 대개 망명인 쪽 승리로 끝난 것 같다. 세력 경쟁은 망명인들 사이에서도 일어났을 것이다. 건국신화에서는 모든 출연자가 정해진 운명을 충실하게 따라간 것처럼 보인다. 6촌장은 지배자의 등장을 고대했고, 혁거세가 등장하자마자 그를 거서간으로 추대했다. 하지만 이런 이야기는 신라가 건국한 뒤에 만들어졌다. 당연히 신라의 건국을 정당화하는 시각에 기초했을 것이다. 다만 세력 간 대결과 충돌은 일상적이기보다는 결정적인 순간에 벌어진다. 이 단계에 이르기까지 보이지 않는 경쟁과 타협이 꾸준히 이어지기 마련이다. 당시에도 세력 간의 끊임없는 경쟁은 모두에게 이익이 되지 않았을 것이다. 경주 바깥의 세력과 대응하려면 서로 안정적인 관계를 맺을 필요도 있었다. 이런 상황을 주도한 세력이 건국신화에 등장하는 여러 인물로 상징화되었다.

경주분지 일대의 세력을 규합한 주인공들은 남산 서북쪽 기슭에서 나타났다. 앞에서 말한 고허촌장 소벌도리, 알영, 알영을 발견한 할멈 등이 대표적인 세력이었다. 그리고 이들을 정점에서 이끈 인물이 바로 혁거세로 상징된다. 그는 지배 세력의 지위를 어느 정도 인정함으로써 경주 지역 최고의 지배자가 되었다. 지역에서 정치적 안정을 이끌고, 경주 외부 세력과 대결할 힘을 길렀다. 이제 경주 일대는 여러 세력이 난립하던 공간에서 신라의 무대로 변했다.

2

탈해이사금, 석씨 왕가를 개척하다

월성 땅을 빼앗은 대장장이

혁거세 재위 시기의 지배 세력은 경주 남산 서북쪽 기슭에 근거를 두었다. 이 시기가 한 세대로 전하지만, 실제로는 여러 세대에 걸쳐 있었다. 왕의 칭호가 바뀐 남해차차웅 시기에 탈해脫解가 등장하면서 지배 권력에 변화가 일어났다.

탈해는 혁거세나 알영의 근거지에서 동쪽으로 멀리 떨어진 아진포구에서 나타났다. 현재 경주시 양남면 나아리와 하서리 일대. 혁거세 38년기원전 20에 알로 태어난 탈해가 궤짝에 담긴 채 배에 태워져 이곳에 도착했다고 한다. 이때 배에서 까치가 날며 울었고, 이 소리를 듣고 나온 고기잡이 할멈이 배를 줄로 끌어당겨 궤짝을 열어 보니 아이가 있었다는 것이다.

석탈해왕 탄강 유허비
탈해가 배에 태워져 도착한 것을 기려 1845년에 세웠다.

예로부터 까치가 울면 손님이 온다고 했다. 칠석에 견우와 직녀가
만나는 은하수의 다리가 까마귀와 까치들이 자기 몸을 이어 놓은 오작
교고, 이몽룡과 성춘향이 만난 남원 광한루로 이어진 다리도 오작교다.
즉 탈해의 탄생 신화에서 까치는 신라에 중요한 인물이 탄생한다고 예
언하는 것이다.

탈해는 원래 왜국 동북쪽 1000리 되는 곳의 다파나국 왕실에서 태어
났다. 왕비가 임신하고 7년 만에 큰 알을 낳았는데, 이것이 불길하다며
버리라는 명령이 떨어졌다. 왕비는 차마 버리지 못한 알을 비단으로 싸
서 보물과 함께 궤짝에 넣었다. 그러고는 배에 실어, 바닷물의 흐름에
맡겼다. 『삼국사기』에 전하는 이 이야기에 따르면, 탈해는 일본에서 왔

다. 그래서 탈해의 출신지를 해로로 접근하기 쉬운 일본 시마네현의 이즈모 지역으로 보기도 한다. 그런데 일본 역사책에는 한반도에서 건너간 사람이 많은 것과 달리 한반도로 건너와 나라를 세운 인물은 보이지 않는다. 그러니 탈해가 일본에서 왔을 가능성은 크지 않다.

『삼국유사』는 남해차차웅 때 탈해가 가락국김해을 거쳐 왔다고 한다. 수로왕을 비롯한 가락국 사람들이 북을 울리면서 환영했으나, 탈해를 실은 배가 이를 뿌리치고 달아나 신라의 아진포구에 이르렀다는 것이다. 가락국은 『삼국지』에서 평양의 낙랑군과 왜를 연결하는 기착지로 소개되었다. 이 때문에 탈해가 낙랑군에서 김해를 거쳐 동해안으로 갔다는 견해도 있다. 『가락국기駕洛國記』에는 탈해와 수로왕이 변신술을 겨루며 싸우는 장면이 있다. 이때 수로왕은 탈해가 가락국에서 실제로 만난 인물보다는 그가 아진포구로 가야 했다는 것을 강조하기 위한 조연으로서 등장했을 것이다.

탈해의 출신지를 한반도의 북서쪽이나 소백산맥 일대로 보기도 한다. 하지만 탈해가 나타난 장소와 행적을 보면, 나아리를 비롯한 동해안 일대가 그의 출신지로 여겨진다.

알로 태어나 버림받기는 주몽도 마찬가지다. 태어나자마자 버려진 영웅 이야기는 세계적으로 차고 넘친다. 탄생 신화에 나타나는 우여곡절은 그가 중요한 인물이 되는 미래를 강조하기 위한 장치다. 물론 그를 거부하는 사람들이 적지 않았을 가능성도 보여 준다.

그를 태운 배가 도착했을 때 까치가 날아와 울었기 때문에, 탈해는 까치를 뜻하는 한자[鵲]에서 새를 뜻하는 부분[鳥]을 빼고 남은 석昔 자를 성씨로 삼았다고 한다. 그리고 알을 깨고 궤짝에서 나왔기 때문에 이름을 벗어나고 풀려난다는 뜻의 탈해脫解로 지었다는 것이다. 혁거세 탄생 신화보다는 훨씬 현실적이지만 비현실적인 내용도 많다는 점에서, 그가 왕위에 오른 뒤에 만들어진 이야기일 것이다.

탈해는 처음에 자신을 맞이한 할멈을 따라 고기잡이를 하며 성실하게 살았다고 한다. 그런데 골상骨相이 남달랐기 때문에 할멈이 그에게 학문에 힘써 이름을 떨치라고 했고, 공부를 열심히 한 그가 결국 지리地理의 이치를 터득했다는 것이다. 『삼국유사』에 따르면, 어느 날 탈해가 노비 두 명을 거느리고 토함산에 올라가 돌무더기를 쌓고 7일간 머물렀다. 이 기간 동안 그의 활동은 신화 속 영웅들이 일반적으로 거치는 수련 과정이다. 또 7일은 예부터 산모가 몸조리하는 기본적인 기간이고, 금줄을 내걸고 조신하게 지내는 기간이 7일이 세 번 겹치는 삼칠일21일이다. 견우와 직녀가 만나는 칠석도 음력 7월 7일이다. 이 기간 동안 탈해가 혼자 수련만 하지는 않았고, 경주분지를 내려다보면서 살 만한 땅이 있는지 살피고 인고의 시간을 보냈다. 사실 탈해는 토함산과 동해안 일대를 배경으로 세력을 키우면서 기회를 엿본 것이다. 이를 통해 찾은 곳이 초승달처럼 생긴 낮은 봉우리, 바로 오늘날의 월성이다.

당시 이곳은 호공瓠公의 집이었는데, 탈해가 그 집 곁에 가서 몰래 숫돌과 숯을 묻어 놓고는 다음 날 아침에 다시 가 이곳이 원래 자기 조상 때의 집이라고 주장했다. 호공이 이를 인정하지 않으니 싸움이 되고, 오랫동안 결론이 나지 않아 관가의 송사로 넘어갔다. 이때 탈해는 자신이 본래 대장장이로, 잠시 나가 사는 사이에 다른 사람이 집을 차지했다고 주장하며 땅을 파서 증거를 확인하자고 했다. 관가에서 이를 확인해 보니 과연 숫돌과 숯이 나와, 탈해가 그 집을 차지하게 되었다는 것이다. 숯은 철을 녹이는 데 필요한 재료고, 숫돌은 완성된 철제품을 갈아서 날을 세우는 도구다. 당시에 철을 녹여 공구나 무기, 농기구로 만드는 일이 중시되었음을 알 수 있는 이야기다. 하지만 허점이 보인다. 하루 전에 묻어 놓은 숫돌과 숯은 누가 보아도 오래전에 묻은 것과 다르다. 이를 구별하지 못한 관가 사람들은 멍청했거나 사전에 탈해와 결탁했음에 틀림없다.

호공은 혁거세 38년[기원전 20]에 마한에 파견되어 양국 사이의 민감한 문제를 해결하고 돌아온 인물로 전한다. 사로국이 공물 바치기를 중단했다고 마한왕이 꾸짖었는데, 호공이 이제 사로국이 주변 나라들이 인

월성과 해자
월성은 탈해가 호공에게서 빼앗은 곳으로 전한다.

정할 만큼 성장했다며 설득하는 데 성공했다는 것이다. 탈해이사금 대^{57~80}까지도 그 이름이 전하는 점을 보면, 신라에서 그의 권력이 꽤 강했던 것 같다. 다만 활동 시기에 차이가 크다는 점에서, 탈해 대의 호공은 혁거세 대 호공의 후손일 가능성도 있다. 탈해가 등장할 때 월성은 신라의 중심지인 남산 서북쪽 기슭에서 약간 떨어져 있었지만, 경주분지의 한가운데라는 점에서 정치·군사적인 가치가 컸다. 그럼에도 관가가 탈해의 손을 들어 주었으니, 이 사건은 단순한 우연이나 업무 착오와는 거리가 있다. 사로국이 탄생할 때 유력하던 소벌도리나 알영, 그녀를 거둔 할멈 등은 그 뒤 기록에서 자취를 감춘다. 그런데 호공은 혁거세의 치세에 유일하게 나라의 중요 사안을 처리한 인물로 기록되었다. 그가 거서간을 도우며 세력을 키워 적어도 월성 일대에서는 최고의 권력을 얻은 것이다. 이런 그의 뜻을 거스르면서 근거지를 빼앗는 데 협조한 관가는 사실상 거서간과 그 휘하의 지배 세력이었다. 탈해가 월성 땅을 빼앗을 수 있었던 것은 단순히 재치 덕이 아니다. 토함산 위에서 고심한 방법으로 사로국 최고의 지배 세력과 협력해 얻어 낸 성과다. 또한 사로국의 철 생산에서 차지한 영향력이 있었기 때문에 탈해가 대장장이로 알려지게 되었다.

떡을 물어 왕위를 다투다

탈해가 월성에 정착해 생활하는 동안 신라의 지배자는 남해차차웅으로 바뀌었다. 차차웅은 무당을 가리키는데, 무당은 귀신을 섬기고 제사를 받들기 때문에 사람들이 그를 두려워하고 공경했다. 그런데 제사장이며 존장자尊長者라는 뜻에서 차차웅으로 불린 남해차차웅이 거서간으로도 불렸다. 그가 거서간 대신 제사장을 선택했다기보다는 거서간 지위를 유지하면서 제사장의 능력을 내세운 것이다.

　남해왕이 즉위했을 때 낙랑 사람들이 금성, 즉 경주를 몇 겹으로 포위했다고 전한다. 이에 대해 남해왕은 혁거세가 세상을 버린 상태에서 자신이 덕이 없어 이런 일을 당한다고 자책했다. 그래도 하늘의 뜻을 믿고 굳게 버티자 적군이 물러갔다고 한다. 당시 낙랑 사람들이 평양에서 원정군으로 보내졌다기보다는 교역 문제를 둘러싸고 신라와 충돌한 것으로 보인다. 당시 신라가 대내외적으로 위기에 처한 것은 사실이다. 이 위기는 남해왕 집권 전후에 나타난 지배 세력의 변화와도 무관하지 않았을 것이다. 호공 대신 탈해가 월성 일대를 차지하고 거서간이 이를 묵인한 것이 그 변화의 대표적인 사례다. 남해왕은 이들의 관계를 안정시켜 자신의 권력을 유지하려 했고, 이를 위해 즉위 3년 정월에 우선 시조의 제사를 모시는 사당인 시조묘를 세웠다. 남해왕은 국가적인 시조를 모심으로써 자신의 권력을 안정시키려 한 것이다. 이를 위해 주목한 인물이 바로 탈해다. 즉위 5년 정월에 남해왕은 탈해가 어질다는 소문을 듣고 맏딸인 아효阿孝를 그와 결혼시킨다. 탈해가 월성 일대를 차지한 뒤 신라에서 세력을 점점 더 키운 것으로 보인다. 혼인일을 정월로 잡을 만큼 남해왕은 이들의 결혼을 국가적 중대사로 여겼고, 탈해를 사위로 삼음으로써 월성 일대뿐만 아니라 동해안 지역과 연결된 세력을 지지 기반으로 확보하게 되었다.

얼마 있다 탈해가 동악土含山에 올랐다. 돌아오는 길에 하인에게 물을 떠 오라고 했는데, 하인이 먼저 물을 몰래 마셨다. 그 잔을 그대로 탈해에게 내밀려고 했는데, 잔이 입에 붙어 떨어지지 않았다. 탈해가 꾸짖고 하인이 다시는 그러지 않겠다고 다짐한 뒤에야 물 잔이 입에서 떨어졌다. 이때부터 하인은 탈해를 절대 속이지 못했다고 한다. 토함산의 요내정이라는 우물에 얽힌 이 이야기는 탈해가 어떻게 아랫사람들을 관리하고 세력을 유지했는지를 보여 준다. 이런 능력으로 탈해는 남해왕 6년에 대보大輔가 되었다. 큰일을 보좌한다는 뜻의 대보는 고구려에서 유래한 관직으로, 군사와 국정을 총괄했다. 탈해가 왕의 사위가 된 데 이어 총리 직까지 맡을 만큼 막강한 권력에 접근한 것이다.

탈해의 능력이 국정을 수행하는 데 도움이 되었으나, 남해왕의 임종이 가까워지자 후계자 선정에 문제를 가져왔다. 남해왕에게는 큰아들 유리儒理와 작은 아들 내로奈老가 있었고, 이 중 유리가 아버지의 뒤를 잇는 것이 원칙이었다. 그런데 남해왕이 아들인 박씨와 사위인 석씨 가운데 나이가 많은 사람이 왕위를 이으라고 유언했다. 유리는 탈해가 덕망이 있다며 왕위를 사양하고, 탈해는 임금 자리를 용렬한 사람이 감당할 수는 없다면서 사양했다. 그러고는 성스럽고 지혜로운 사람은 이[齒]가 많다고 하니, 떡을 깨물어서 누구의 이가 많은지 보자고 제안했다. 그리고 유리의 잇금, 즉 이빨 자국이 더 많았기 때문에 좌우의 신하들이 유리를 받들어 이사금이라 불렀다고 한다.

그런데 남해가 자식과 사위 중 누구 나이가 많은지 몰랐을 리 없다.

이는 사실상 부자 상속이 아직 확립되지 않았음을 보여 준다. 그럼에도 남해왕이 한 말은 왕위 계승에 고려할 요소가 많았음을 의미한다. 유리의 잇금이 더 많다고 확인된 뒤에도 좌우 신하들이 그를 추대하는 절차를 거쳤다. 차차웅의 아들이 왕위를 잇는 데도 지배 세력 간 합의가 필요했던 것이다. 잇금이 많다면 치아의 수가 보통 사람보다 많다는 것이다. 요즘 같으면 치과에 갈 일이 많아 반가울 리 없지만, 치아가 많다면 나이가 많다는 뜻도 된다. 이는 나라를 다스리는 데 필요한 경험과 지혜가 많다는 것이니, 왕의 권위와 능력을 상징한다. 왕의 아들과 사위를 포함한 친족 내에서 경험과 능력이 뛰어난 사람을 왕으로 세우는 전통이 만들어진 것이다. 처음에는 박씨 집단과 석씨 집단 사이에 문제가 되었지만, 김씨 집단이 등장한 뒤에는 3성三姓 집단에서 똑같은 원리가 적용되었다.

유리 대부터 왕의 칭호가 이사금으로 바뀌었는데, 그 권력도 후대의 강력한 왕권과는 거리가 있었다. 왕위 계승과 정치에 지배 세력의 합의가 여전히 필요했기 때문이다. 하지만 변화도 있다. 혁거세 주변의 소벌도리나 알영 주변의 할멈과 달리, 이사금 대에 왕위 계승에 영향을 미치는 권력은 왕의 친척으로 한정되었다. 거서간 대보다 권력이 집중된 것이다.

유리이사금은 즉위 9년³²에 행정구역 6부의 이름을 바꾸고, 각 부에 이李·최崔·손孫·정鄭·배裵·설薛 등 성姓을 내렸다고 한다. 17등급의 관직도 설치했다고 전하지만, 사실 후대에 완성된 것을 유리이사금 대로 소급해 기록했다. 거서간이 종말을 고하고 이사금으로 대표되는 새로운 지배 질서가 등장했다는 것을 알려 주는 대목이다.

한편 탈해는 왕위 계승 경쟁에서 패배했어도 남해차차웅의 사위이자 유리이사금의 매부라는 지위는 잃지 않았다. 당시 탈해는 대보 지위를 유지하면서 국정을 총괄했다. 유리왕은 경쟁 상대인 탈해에게 아버지 남해왕이 부여한 지위를 계속 인정해 주었다. 따라서 탈해는 유리의 통치에 계속 협조하면서 자신의 세력을 유지할 수 있었다.

석씨 왕가를 개척한 비결

유리왕이 세상을 떠날 때 남해왕의 유언이 되살아났다. 아들과 사위 중에서 경험 많고 지혜로운 사람이 왕위를 이으라는 아버지의 말을 유리가 되뇐 것이다. 유리에게는 파사婆娑와 일성逸聖이라는 아들이 있었다. 하지만 이들의 재주가 탈해에 훨씬 못 미쳐, 유리는 탈해가 왕위를 이으라고 유언했다. 당시 탈해가 62세였다. 유리는 이보다 나이가 많았으니, 그 아들들도 나이로는 왕위를 계승하고도 남았을 것이다. 기록에는 전하지 않지만, 유리에게 사위가 있었을 수도 있다. 그런데도 유리는 아버지의 유언을 깊이 받아들였다. 아들로서 도리이기도 했지만, 그럴 만한 사정이 있었을 것이다.

요즘 같으면 62세가 왕성하게 활동할 나이지만, 왕으로 즉위하기에는 역사에 특별히 기록될 만큼 많은 나이였다. 보통은 인생을 돌아보며 정리할 때였다. 그런데도 탈해가 왕위에 오른 비결이 뭘까? 탈해는 고기잡이 할멈이 알아본 것처럼 골상이 특이했다. 『삼국유사』에 따르면, 두

개골의 둘레가 세 자 두 치에 키는 아홉 자 일곱 치였다. 한 자를 30센티미터라고 할 때 2미터 70센티미터가 넘는 키를 그대로 믿기는 어렵다. 그래도 그의 체격이 보통 사람보다 훨씬 크기는 했을 것이다. 지증왕의 음경이 한 자 다섯 치라는 것처럼, 이는 탈해의 신체적 능력과 지혜를 상징한다.

탈해는 남해왕 대부터 유리왕 대까지 대보로서 국정을 총괄했다. 왕의 사위 또는 매부라는 위상을 이용해 지배 세력 내에서 영향력을 키운 것이다. 그리고 이를 위해 그가 공을 들인 세력이 바로 자신이 월성에서 쫓아낸 호공 세력이다. 좋지 않은 관계지만, 탈해는 이들을 최대한 자기편으로 끌어들였다. 이사금에 오른 다음 해에 호공을 대보로 임명한 것이 그 증거다. 경쟁자에게 국정 총괄이라는 임무를 맡긴 것이다. 탈해 대에 호공 세력은 상당한 권력을 누렸다. 탈해 9년에 알지가 등장하는데 호공이 중간 구실을 했다는 것이 그 증거다. 금성 서쪽 시림에서 닭 우는 소리가 들리자, 탈해가 호공을 보내 살피게 했다. 이때 시림 한가운데에 큰 빛이 내리고, 자주색 구름이 땅에 뻗쳤다. 나뭇가지에는 황금 궤짝이 걸려 있고, 그 아래에서 흰 닭이 울었다. 이 궤짝을 가져다 열어 보니, 조그만 사내아이가 있었다. 탈해가 이 아이를 하늘이 내려 준 귀한 아들이라면서 거두어 기르고 태자로 삼았다고 한다. 하지만 그 뒤 왕위는 유리의 아들인 파사에게 돌아가고, 알지는 김씨의 시조가 되었다. 탈해는 즉위 당시의 나이를 고려할 때 알지가 성장해 태자로 책봉되기까지 생존을 장담할 수 없었다. 따라서 알지는 탈해 대에 태어났다기보다 중요한 직책으로 기용되었을 가능성이 크다. 탈해의 아들 구추(仇)

郞가 김씨 지진내례부인只珍内禮夫人과 결혼한 것도 이를 뒷받침한다. 탈해는 적어도 즉위 직후부터 김씨 집단을 통치에 활용한 것 같다. 이를 계기로 알지의 후손인 13대 미추味鄒가 이사금 자리에 오르고, 17대 내물왕奈勿王부터는 줄곧 김씨가 왕위를 차지했다.

한편 왕위를 차지하지 못한 파사와 일성을 탈해가 어떻게 대우했는지는 알려지지 않았다. 하지만 이들이 나중에 차례로 이사금이 되었다는 점에서, 탈해가 박씨 집단을 어느 정도 대우하고 원만한 관계를 유지한 것 같다. 탈해가 즉위 11년 정월에 박씨 집단의 인물을 지방관으로 삼은 것도 이를 말해 준다. 당시에는 신라가 진한의 소국들을 아직 정복하지 않았으니, 경상도 일대에 지방관을 파견하지는 못했을 것이다. 하지만 적어도 신라 내부의 지배나 주변 소국들과 맺는 관계에서 박씨 집단에게 중요한 직책을 맡긴 것이다.

결국 탈해가 이사금 자리에 오른 것은 박씨 집단의 세력 기반을 어느 정도 인정하면서 호공 집단과 김씨 집단을 고루 포용했기 때문이다. 강력한 왕권이 확립되지 않은 상황에서 여러 세력의 기득권을 인정하며 협조를 이끌어 낸 것은 지혜로운 선택이었다. 하지만 지혜만으로 권력을 차지할 순 없다. 동해안 일대의 세력과 철기 제작 기술이 중요한 기반으로 작용했다. 즉위 3년에 탈해가 토함산에 올라갔을 때, 검은 구름이 덮개처럼 머리 위에 오래 있다가 흩어졌다고 한다. 그는 죽은 뒤 도성 북쪽의 양정구에 묻혔는데, 나중에 30대 문무왕文武王의 꿈에 그의 영혼이 나타나 토함산에 안치해 달라고 했다. 문무왕은 탈해의 바람대로 했고, 이때부터 탈해는 동악신東岳神으로 모셔졌다. 토함산은 신라가 국가적으로 제사한 5악五嶽 중 하나로, 동악이다.

　탈해가 스스로 대장장이라고 내세운 데서 알 수 있듯, 동해안 일대는 철기 생산에서 중요한 곳이었다. 특히 울산과 맞닿은 곳에 자리한 달천 광산은 철소재의 중요한 공급처였다. 늦어도 1세기부터 채취된 이곳의 철광석은 덩이쇠 형태로 운반되어 월성 일대에서 완성품으로 가공되었다. 탈해가 숯과 숫돌을 감추었다는 이야기는 이런 역사적 사실을 바탕으로 만들어진 것이다. 특히 철제품을 대량으로 생산한 곳은 오늘날 북천 이북의 황성동 아파트 단지 일대다.

　경주시 서면 사라리의 1세기 말 목관묘130호에서는 판상철부 70점과 철낫, 철소재 등 대량의 철기가 청동거울과 함께 발견되었다. 도끼나

탈해왕릉으로 전하는 무덤
내부 구조는 1세기의 목관묘가 아니라 후대의 돌방무덤으로 추정된다.

공구로 사용된 판상철부를 관 밑에 대량으로 깔았으니, 재력을 과시한 것이다. 이 때문에 사라리 세력이 신라의 중심이었다는 주장도 있지만, 신라의 건국과 변화에 대한 기록과 맞지 않는다. 이런 철기를 생산해 공급한 세력이 바로 탈해라고 단정하기가 쉽지 않다. 하지만 철기 생산 체제가 탈해의 권력을 유지하고 신라의 세력의 키우는 데 물질적인 기반이 된 점은 분명하다.

탈해가 이사금이 될 수 있었던 것은 포용과 지혜를 적절히 조화한 결과다. 주어진 자원을 효율적으로 활용하는 능력도 중요한 기반이 되었다. 그가 사망한 뒤 왕위는 파사에게 넘어갔고, 탈해의 사위나 아들이 왕위를 계승하는 문제는 떠오르지 않았다. 나이가 많은 탈해는 신라 내부의 안정을 위해 예외적으로 이사금에 오른 것 같다. 하지만 뒤에는 탈해의 손자 벌휴伐休가 이사금이 되고 오랫동안 석씨 왕대가 이어졌다. 8대 아달라왕에게 아들이 없었기 때문이라지만, 탈해가 길을 닦아 놓았기에 가능했던 일이다.

기록상 신라는 탈해왕 대에 본격적으로 백제나 가야와 대결하기 시작했다. 백제와는 소백산맥 일대에서 치열하게 싸우고, 가야와는 양산 주변 낙동강 하구에서 싸워 이겼다는 것이다. 당시는 신라가 진한의 소국들을 정복하기 전이라서, 이런 기록을 그대로 믿을 순 없다. 다만 탈해가 철기 생산을 기반으로 주변 소국들과 싸울 때 유리한 고지에 올랐을 가능성이 크다. 이런 상황과 탈해의 능력 때문에 앞에 말한 것과 같은 전쟁 기록이 남았다고 본다. 탈해의 등장은 석씨 왕가의 개척뿐만 아니라 신라의 성장을 기약하는 여명의 빛이 되었다.

3

내물마립간, 신라를 반석에 올리다

김씨 왕가를 확립하다

4세기 후반 내물왕 대부터 신라가 망할 때까지 거의 계속 이어져 신라 왕조의 대부분을 지배한 왕가는 김씨다. 박씨, 석씨 집단과 끊임없이 경쟁과 협조를 반복한 결과인 김씨 왕가의 탄생은 신라가 성장 궤도에 오르는 데 큰 영향을 미쳤다.

탈해왕 대에 김씨의 시조인 알지가 등장한 이래 그 후손이 '세한勢漢-아도阿道-수류首留-욱보郁甫-구도仇道' 뒤에 미추왕으로 이어졌다. 이 기간 동안 김씨 집단은 대대로 지체 높은 귀족으로서 가문을 빛냈다고 전한다. 알지가 탈해왕의 태자가 되고도 왕위를 차지하진 못했지만, 후손들이 높은 지위를 유지하는 데 영향을 미쳤다. 기록에는 알지 이후 김씨 집단의 활동이 잘 드러나지 않는데, 왕위를 차지한 석씨 집단이나 박씨 집단과 정치에 적극적으로 참여한 것은 분명하다.

　알지를 거둔 탈해는 아들 구추에게 국정을 총괄하는 각간角干을 맡겼다. 머리의 뿔을 가리키는 '각'은 높다는 뜻을 담고 있다. 부족장급 인물 가운데 최고의 업무를 맡아보는 자리에 있는 이를 각간이라고 불렀다. 탈해는 구추에게 왕위를 물려주고 싶은 마음이 있었을 것이다. 하지만 탈해가 죽은 뒤 왕위가 파사에게 넘어간 것을 보면, 구추가 탈해만큼 능력과 지혜를 갖추지는 못했던 것 같다. 파사왕은 김씨 사성부인史省夫人과 결혼하고, 6대 지마왕祇摩王은 김씨 애례부인愛禮夫人과 결혼했다. 김씨 집단이 이사금을 석씨 집단에게 내주었어도 왕비를 계속 배출할 만큼 힘을 유지한 것이다. 아달라왕에 이어 즉위한 벌휴왕부터 12대 첨해왕沾解王까지 이어진 석씨 집단의 왕위가 김씨 집단 출신인 미추왕에게 넘어간 것은 역시 첨해왕에게 아들이 없었기 때문이라고 한다.『삼국유사』에는 첨해왕이 죽기 전에 왕위를 미추에게 양보했다고 기록되었다. 그런데 첨해왕 바로 앞인 11대 조분왕助賁王에게는 유례와 걸숙乞淑 같은 아들이 있었다. 미추는 조분왕의 사위고, 석씨 집단에도 조분왕의 사위인 우로于老가 있었다. 그럼에도 미추가 즉위한 것은 어머니인 박씨, 즉 이칠갈문왕伊柒葛文王의 딸과 무관하지 않다. 갈문왕은 왕의 가까운 친척이나 돌아가신 아버지에게 붙인 존칭이었다. 김씨 왕에게 박씨 갈문왕이 있었다고 하니, 석씨 집단에게 왕위를 내준 박씨 집단이 김씨 집단과 협조했을 가능성을 확인할 수 있다.

　미추가 왕이 되는 데는 아버지 구도의 구실도 적지 않다. 구도가 오늘날 의성에 있던 소문국을 정복하고 낙동강 상류와 소백산맥 일대에서 백제의 침입을 격퇴하는 데 공을 세웠다고 전하기 때문이다. 후대의 일이지만 4세기 후반 이후 소문국 일대의 지배층 무덤에서는 경주 대릉원 일대의 왕족 무덤에서 보이는 것과 아주 유사한 금동관이 많이 보인다. 『화랑세기花郎世紀』에는 구도가 소문국의 운모공주雲帽公主와 결혼했다는 기록이 있다. 현존하는 『화랑세기』의 신빙성에 대해서는 논쟁이 있지만, 김씨 집단과 의성 지역 지배 세력 사이에 유대가 끈끈했음을 알 수 있다. 미추는 이런 세력 기반과 기존 이사금의 사위라는 배경을 활용해 이사금이 되고, 아버지 구도에게 갈문왕이라는 칭호를 바쳤다. 이는 자신의 왕권을 안정시키고 김씨 집단의 권위를 강화하려는 노력이었다. 미추왕의 이런 노력은 상당한 성과를 거둔 것 같다. 그가 처음으로 대릉을 조성하고 거기 묻혔기 때문이다. 이런 무덤의 대명사가 경주 대릉원의 돌무지덧널무덤이다.

고려 대에는 미추왕릉을 시조당始祖堂이라고 불렀다. 미추왕릉은 흥륜사 동쪽에 자리했다. 현재는 대릉원의 황남동 106호 고분이 미추왕릉으로 지정되어 있다. 조선 후기에도 이곳에서 미추왕을 위해 제사를 지냈다. 하지만 이 무덤이 실제로 미추왕릉인지는 증명되지 않았다. 미추왕이 3세기 후반에 재위했다는데, 이런 무덤은 4세기 중·후반부터 유행했다고 알려졌다. 그런데 최근 대릉원 동쪽의 쪽샘지구와 원화로구 월성로 일대에서 새로운 초기 돌무지덧널무덤이 조사되었다. 그 유행 시기가 좀 더 올라갈 가능성이 커진 것이다. 미추왕의 대릉이 이 주변에 조성되었을 수도 있다. 어쨌든 이런 무덤을 조성했다는 것은 미추왕이 막대한 노동력과 재력을 동원할 힘을 이미 갖췄다는 뜻이다.

미추왕릉으로 전하는 황남동 106호분
신라에서 처음 조성된 대릉으로 전한다. 하지만 최초의 돌무지덧널무덤은 대릉원 동쪽의 쪽샘지구나 원화로
일대에 조성되었을 가능성이 크다.

미추왕릉은 죽장릉竹長陵이라고 불렀는데, 훗날 유례왕 대에 이서고국淸
도 사람들이 경주에 쳐들어왔을 때 머리에 댓잎을 꽂은 병사들이 이 무
덤에서 나와 그들을 물리쳤으며 사람들이 그 공을 미추왕에게 돌렸기
때문이다. 혜공왕惠恭王 대인 779년에는 김유신金庾信의 무덤에서 장군의
영혼이 군사 40명과 나타나 미추왕릉으로 들어갔다고 한다. 이는 김유
신의 제사와 관련된 이야기지만, 호국護國의 상징으로서 미추왕릉이 중
시된 것을 알 수 있다. 이때부터 미추왕릉은 혁거세의 오릉보다 더 높은
등급의 사당이라는 뜻에서 대묘大廟라고 불렀다.

미추왕은 자식에게 왕위를 물려주지 못했다. 자식으로 딸만 둘이 확
인되는 것을 보면, 아들이 없었기 때문인 듯하다. 그를 이은 왕은 조분

왕의 맏아들인 유례다. 아이혜부인阿爾兮夫人이 밤길을 가다 별빛이 입으로 들어와 유례를 임신했고, 그가 태어나던 날 저녁에는 이상한 향기가 방에 가득 찼다고 한다. 이렇게 신비한 탄생 신화가 전할 만큼 석씨 집단에서 유례의 즉위를 중대한 사건으로 받아들였다. 미추는 조분의 사위고, 유례는 미추의 처남이었다. 죽장릉 이야기를 보면, 유례왕이 미추왕을 꽤 존중했다고 여겨진다. 하지만 막상 왕위가 석씨 집단으로 넘어오는 과정에는 김씨 집단과 상당한 갈등이 있었을 것이다. 유례왕 뒤에는 석씨 집단에서 15대 기림왕基臨王과 16대 흘해왕訖解王이 차례로 즉위했다. 그러다 흘해왕에게 아들이 없다는 이유로 내물왕이 즉위한 것이다. 그런데 이차돈異次頓을 추모하기 위해 훗날 김용행金用行이 지은 비문에 따르면, 흘해왕에게 공한功漢이라는 아들이 있었다. 그리고 『삼국유사』는 이차돈이 공한의 손자라고 한다. 이차돈이 내물왕의 5대손이라는 기록도 있어 논란의 여지가 있지만, 결국 내물왕의 즉위 이유인 흘해왕에게 아들이 없다는 것은 그저 구실로 보인다. 기림왕이나 유례왕에게 아들이 없었는지도 분명하지 않다. 내물왕이 미추왕의 조카인데, 흘해왕의 이종사촌이며 미추왕의 딸인 보반부인保反夫人과 결혼했다. 흘해왕과 이 정도의 관계가 왕위 계승에 결정적으로 작용하지는 않았을 것이다. 『삼국사기』에서 내물왕이 구도의 손자라고 강조한 것을 보면, 김씨 집단이 왕위를 가져오기 위해 적극적으로 노력한 듯하다. 구도가 신라의 영토 확장에 큰 공을 세웠으니, 가문의 후광이 왕위를 되찾는 데 명분으로 작용했을 것이기 때문이다. 『삼국유사』에서 내물왕을 구도의 아들이라고 한 것 또한 착오로 보이기는 해도 내물왕의 즉위에 구도의 영향력을 중시한 분위기와 무관하지 않다.

내물왕이 즉위한 뒤에도 석씨 집단이 아예 몰락하지는 않았다. 내물왕에 이어 즉위한 김씨 집단 출신 18대 실성왕實聖王의 어머니가 석씨였기 때문이다. 실성왕의 즉위에 석씨 집단의 영향력이 적잖이 작용했을 것이다. 그래도 왕위는 김씨 집단에 고정되었다. 실성왕을 이은 19대 눌지왕訥祗王부터는 내물왕 후손들이 계속 왕위를 차지했다. 3성 집단 가운데 김씨 집단이 가장 늦게 나타났지만 최후의 승자가 되었다. 내물왕의 즉위는 박씨, 석씨 집단과 벌이던 경쟁을 청산하고 500년 가까이 이어진 김씨 왕통을 확립하는 계기가 되었다. 그리고 신라가 성장해 발전하는 데도 결정적인 계기가 되었다.

시대의 변혁을 과시한 배경

신라의 성장 과정에서 가장 주목받은 왕이 바로 내물왕이다. 그가 집권하던 시기에 경상북도 일대를 차지했다고 알려져 있기 때문이다. 하지만 이것이 부분적으로는 맞아도 자세히 살펴보면 정확한 표현이 아니다. 『삼국사기』에서는 3세기 중엽까지 신라가 진한 지역을 모두 차지했다고 전한다. 진한은 삼한 중 하나로, 오늘날 경상북도 전체와 낙동강 이동의 경상남도를 가리킨다. 대부분의 학자들은 이것이 실제로는 내물왕 대까지 이루어졌다고 보는데, 그 근거는 3세기 말에 나온 『삼국지』에서 신라의 전신인 사로국이 진한 소국 중 하나로 등장한 데 있다.

『삼국사기』에 등장하는 신라의 정복 기사들 사이에 앞뒤 연결이 불합리한 경우가 있다. 하지만 적어도 3세기에는 신라가 진한 소국을 정복하기 시작한 것으로 보인다.

『진서晉書』에 따르면, 280년대에 진한왕이 서진西晉에 여러 차례 사신을 파견했다. 진한왕이 바로 신라의 왕이다. 당시 신라가 진한 지역을 완벽하게 영토로 지배하지는 못했어도, 낙동강 하구 같은 일부 전략적 요충지에 지배 거점을 확보하고 있었다. 이런 거점을 통해 주변 소국들을 통제했고, 이것이 신라가 처음으로 중국에 사신을 파견하는 바탕이 되었다. 당시 신라의 사신은 평양의 낙랑군을 거쳐 파견되었다. 그런데 3세기 말부터 서진이 혼란에 빠져 중국과 교류가 끊어졌다. 서진은 4세기 초에 북방 유목 민족이 오늘날의 베이징을 비롯한 화베이 지역을 유린하면서 남쪽의 양쯔강 유역으로 쫓겨났다. 고구려는 이 틈을 이용해 313년에 평양 주변의 낙랑군을 몰아내고, 314년에는 황해도 일대의 대방군도 몰아냈다. 이런 변화의 물결 속에서 신라는 진한 지역의 지배를 강화해 나갔다. 적어도 4세기 중엽까지 신라는 낙동강 상류 전체와 낙동강 하류 이동을 영토로 지배하게 되었다. 이런 시기에 등장한 왕이 바로 내물왕이다.

신라의 성장을 바탕으로 내물왕은 대외 교류를 적극적으로 추진했다. 377년에 내물왕은 고구려의 협조를 얻어 전진前秦에 사신을 파견했다. 382년에는 같은 방식으로 위두衛頭를 전진에 보냈다. 이때 전진의 왕 부견符堅과 만난 위두가 신라의 사정이 과거와 달라졌다고 강조했다. 부견이 그 이유를 묻자 위두가 이렇게 말했다.

시대가 변했다는 것은 진한 지역을 영토로 지배하게 되었다는 뜻이며
서진에 사신을 보내던 280년대보다 훨씬 발전했다는 뜻이다. 그래서
나라 이름도 진한에서 신라가 되었다. 신라라는 이름은 지증왕 대인
503년에 정해졌다고 알려져 있다. 하지만 이때 신라라는 이름을 처음
만든 것은 아니다. 사로, 사라, 신라 등 섞어 쓰던 나라 이름을 하나로
확정했을 뿐이다. 신라가 쓰인 것은 기림왕 대인 307년에도 보인다. 건
국 당시 이름은 사로국인데, 성장 과정에 점차 한자식 이름을 함께 썼으
며 내물왕 대인 382년에도 이름이 혼용되었다.

나라 이름만 바뀐 것이 아니다. 내물왕 대에 왕호를 이사금에서 마립
간으로 바꿔 부르기 시작했다. '마립'은 말뚝을 가리킨다. 왕과 신하들이
조회를 열 때 위계에 따라 자리를 표시한 것으로, 조선 시대 정전 앞뜰
에 늘어선 품계석과 유사하다. 왕의 말뚝은 주인 구실을 하기 때문에
높은 곳에, 신하들의 말뚝은 낮은 곳에 있었다. 그리고 '간'은 원래 부족
장을 가리키다 국가의 최고 지배 세력을 가리키는 일반명사가 되었다.
마립간은 귀족들을 이끌고 나라를 다스리는 최고 지배자를 가리키며
간보다 높다는 점에서 거서간과 비슷하다. 건국 초기의 거서간은 각 읍
락의 간을 대표해 사로국을 다스렸고, 이사금은 3성 집단을 대표해 사로
국을 지배했다. 그런데 마립간은 위계화된 지배 세력을 대표하는 동시
에 영토를 통솔하는 지배자로, 실제 의미가 왕 중의 왕에 가까웠다. 호

내물왕릉 주변 고분
왼쪽 끝에 자리한 교동 30호분이 내물왕릉으로 전한다. 『삼국유사』 왕력 편에서 내물왕릉이 첨성대의 서남쪽에 있다고 했기 때문이다. 하지만 이 고분은 6세기 중엽 이후에 만들어진 석실분으로 추정된다.

칭의 차이는 위상의 변화를 동반했다. 내물왕의 뒤를 이은 실성왕도 마립간과 이사금을 섞어 썼지만, 내물왕 대부터 왕의 위상이 높아진 것은 분명하다.

지역 세력에 대한 지배도 달라졌다. 이사금 시기까지 신라가 진한 지역을 차지했지만, 소국의 왕들은 대개 자기 소국에 그대로 남아 신라에 주기적으로 공물을 바치고 복속했을 뿐이다. 그런데 내물마립간이 즉위 2년[357]에 부모에 대한 효도와 공경이 뛰어난 지역 세력에게 관직을 1급씩 올려 주었다고 한다. 유교적인 소양을 갖췄다는 것은 사실상 마립간으로 대표되는 국가 신라에 적극적으로 협조했다는 뜻이다. 여기서 말하는 관직은 오늘날의 지방공무원과 달리, 옛 소국 지배 세력의 서열을 가리킨다. 즉 이런 서열에 개입할 만큼 지역에 대한 신라의 지배력이 강화되었다. 마립간의 지배력은 대표적 위세품인 금관에서도 드러난다. 대릉원의 대형 돌무지덧널무덤에서 순금제 금관이 발견되는데, 그 앞에는 출出 자 모양의 장식을 세웠다. 이는 마립간의 권위를 상징하며 부인의 묘에도 부장되었다. 이 디자인이 지방의 지배 세력에도 영향을 미쳤는데, 지방에서는 순금제가 아닌 금동제고 장식도 단순한 편이다. 마립간이 위세품 사용을 통제하며 지방 세력에 대한 지배를 과시한 것이다.

지역에 미친 문화적 영향은 여기에 그치지 않았다. 대릉원의 돌무지덧널무덤과 똑같이 만들진 않았어도 돌무지를 쓰는 방식이나 제사용 토기의 디자인 등에서 신라의 영향이 두드러졌다. 현재는 남아 있지 않지만, 의복에서도 유사한 영향이 있었을 것이다.

결국 마립간의 출현이 왕의 호칭 변화만 뜻하지는 않는다. 지배 세력 내에서 왕의 위상과 지역에 대한 통제가 크게 변했다. 내물마립간의 등장은, 위두가 한 말처럼 시대의 변화를 이끌어 냈다.

고구려의 간섭 속에 외세를 이용하려는 줄타기

신라는 기록상 삼국 중 가장 먼저 탄생했지만 발전은 가장 늦었다. 한반도의 동남쪽에 치우쳐 있어서 국제적인 교류도 늦은 편이었다. 하지만 3세기 이후 발전을 거듭하면서 국제 관계의 중요성도 커졌다. 특히 내물왕은 대외 관계에서 신라의 운명을 좌우할 만큼 커다란 방향을 제시했다.

　신라가 처음 접촉한 외부 세력은 마한이다. 이는 혁거세거서간이 호공을 마한에 보냈다는 기록으로 알 수 있다. 낙랑군과도 교류를 계속하며 군사적으로 충돌한 경우도 있다. 하지만 이때까지 대외 교류는 대체로 외교나 교역 차원에 머물렀다. 『삼국사기』에서는 63년에 백제 왕이 회견을 요청했는데 탈해왕이 응하지 않았으며 이듬해부터 양국이 200년 넘게 충돌을 되풀이했다고 한다. 하지만 신라와 백제의 충돌은 국경을 마주하기 시작한 4세기 이후의 일로 보인다. 286년부터는 줄곧 우호 관계였다고 기록되어 있으니, 특정 시점부터는 긴장이 완화된 것 같다. 한반도 중·남부에서 대표적인 세력이 접촉하며 충분히 일어날 만한 과정이었다.

　남쪽으로는 가야의 금관국김해과 접촉할 수 밖에 없었다. 낙동강 하구가 낙랑군이나 왜와 교역하는 데 중요한 거점이었기 때문이다. 금관국과는 탈해이사금 21년77부터 지마이사금 5년116까지 산발적으로 충돌하고 내해이사금奈解尼師今 14년209부터 우호 관계를 맺었다고 한다. 신라가 1세기 후반까지 낙동강 하구에 진출해 금관국과 대치했다는 얘기인데, 실제로 그 시기는 3세기 무렵일 가능성이 크다. 따라서 양국이 충돌한 시기는 3~4세기일 것이다. 그 뒤 가야에서는 왕자를 인질로 보냈다. 대체로 4세기부터 신라가 우월적 위치에서 교류하기 시작한 것이다.

　신라 건국 초기부터 동해안 쪽으로 왜가 자주 침입해 괴롭혔다. 일본 열도 서남부에 근거한 다양한 세력이 주로 식량이 부족한 봄이나 수확철인 여름 이후에 침입해 약탈을 일삼은 것이다. 신라가 이들을 대부분 격퇴했으나, 도성의 문을 닫고 지켜야 할 만큼 위기에 처하기도 했다.

신라는 북쪽으로도 영토를 확장하면서 고구려와 국경을 마주하게 되었다. 『삼국사기』에 따르면, 245년에 고구려와 변경에서 충돌했으며 248년부터는 우호 관계를 맺었다. 그런데 고구려가 313년에 낙랑군을 몰아내면서 남쪽으로 진출했다. 그렇다면 고구려와 신라가 본격적으로 관계를 맺은 시기는 4세기일 것이다. 경주 월성로 가 - 5호 고분에서 나온 4세기 초·중엽 고구려의 녹유소호가 그 증거물이다. 녹유소호는 누른 빛깔이 도는 녹색 유약을 바른 작은 항아리다. 이 고분은 대릉원 동쪽, 즉 팔우정삼거리에서 경주박물관으로 통하는 도로 밑에서 발견되었다. 월성 가 - 12호 고분에서 나온 고구려식 갑옷으로도 신라에 미친 고구려의 문화적 영향을 알 수 있다.

한편 내물왕 대 신라에게 가장 큰 위협은 백제였다. 주변국 중 백제와 가장 긴 변경 지대를 공유했고, 백제가 동남쪽으로 적극적 진출을 시도했기 때문이다. 373년에 백제 독산성의 성주가 300명을 이끌고 신라에 와서 항복하는 일이 있었고, 내물왕이 이들을 배려해 경주 주변에 살게 했다. 백제의 근초고왕近肖古王이 이를 두고 양국의 우호를 해치는 일이라며 항의했지만, 내물왕이 그 뜻을 받아들이지 않은 채 표면적으로는 일단락되었다. 그러나 양국 사이에는 긴장이 감돌기 시작했다. 그리고 이에 대응하기 위해 신라가 손을 내민 대상이 고구려다. 신라는 고구려가 백제를 후방에서 압박하기를 바랐다. 371년 평양성 전투에서 백제군에게 고국원왕故國原王을 잃은 고구려도 신라에 유사한 기대가 있었다. 377년에는 신라의 사신이 고구려 사신과 전진에 파견될 정도로 양국이 서로 밀착했다. 광개토왕비에는 당시 신라가 고구려의 속민이 되었다고 표현되었다. 한마디로 신라의 왕과 백성이 고구려에 복속했다는 것이다. 백제도 그랬다고 하니, 약간의 과장이 있다. 하지만 백제가 고구려의 압박을 의식한 점은 분명하다. 신라가 바란 대로다.

392년, 내물왕이 실성을 고구려에 인질로 보냈다. 실성은 이찬 벼슬을 한 김대서지金大西知의 아들로, 미추왕의 조카라고도 한다. 내물왕도 미추왕의 조카니, 실성과 내물왕은 사촌이다. 일반적으로는 왕의 아들을 큰 나라에 인질로 보냈다는 점에서, 내물왕이 고구려를 상국으로 섬겼다기보다는 이용 가치 있는 형님으로 생각한 것 같다. 그리고 이런 이용 가치는 행동으로 드러났다. 396년에 광개토왕廣開土王이 백제의 58성과 700촌을 정복한 것이다. 이때 백제의 아신왕阿莘王이 광개토왕에게 머리를 조아리고 항복했다. 백제는 고구려와 신라의 밀착이 이런 피해의 한 이유라고 여겼다. 그래서 가깝게 지내던 왜를 통해 신라를 압박하려 했다. 가야도 이 시도에 협조적이었다. 399년, 왜가 신라를 침공했다. 신라의 국경을 침범하고, 인근의 성곽들을 파괴했다. 위협을 느낀 내물왕이 광개토왕에게 구원을 청했고, 광개토왕은 신라에게 대응법을 알려 주며 지원을 약속했다. 그리고 이듬해에 광개토왕이 보병과 기병을 합해 5만 명을 보내 신라를 구원해 주었다. 신라 주변의 성에 수없이 밀려들던 왜군이 고구려군의 도착과 함께 퇴각하기 시작했다. 고구려군은 공격을 이어 가며 가야 내부까지 추격해 항복을 받아 냈다. 신라가 고구려의 원조 덕에 왜군을 격퇴할 수 있었다. 광개토왕비에서는 고구려군의 활동만 강조했지만, 신라군과 공동작전을 벌였을 것이다. 이 일바로 뒤에 내물왕이 고구려를 직접 방문해 공물을 바치고 감사를 표시했다. 고구려와 맺은 우호 관계가 큰 결실을 보는 순간이었다.

신라는 고구려와 우호 관계를 맺음으로써 무엇보다 백제의 압박을 완화할 수 있었다. 독산성주가 항복한 373년이 지나고는 그에 따른 갈등도 보이지 않는다. 상당한 기간 동안 백제가 신라의 국경을 침범하는 일이 거의 없었고, 가야의 금관국은 고구려의 공격으로 몰락하다시피 했다. 5세기부터는 이 지역에 대한 신라의 영향력이 커졌다. 금관국은 이를 인정하면서도 가야의 여러 나라와 관계를 강화해 독립을 유지하는 데 급급했다. 왜도 402년에 신라와 우호 관계를 맺었다. 그 뒤에도 왜가 산발적으로 침입했지만 적어도 수십 년간 대규모 침공은 일어나지 않았다.

고구려는 신라를 위기에서 구해 준 만큼 영향력이 커졌다. 신라 지배층의 무덤인 돌무지덧널무덤은 그 기원에 관해 논란이 많지만, 고구려의 영향이 컸던 것으로 이해된다. 각종 금공 제품, 마구馬具, 무기 등에서도 같은 영향이 보인다. 광개토왕을 기려 만든 청동 사발이 경주의 호우총에서 나온 것은 정치적으로도 고구려의 영향력이 컸음을 증명한다.

한편 고구려에 인질로 갔던 실성은 401년 7월에 돌아왔고, 이듬해 2월에 내물왕이 죽으면서 마립간 자리를 이어받았다. 내물왕에게는 확인되는 아들만 해도 네 명이 있었는데, 이들이 어리다는 이유로 실성이 즉위했다. 당시 내물왕의 아들들이 몇 살이었는지는 알 수 없다. 하지만 내물왕이 46년간이나 재위한 점을 보면, 사망 당시 나이가 꽤 많았을 것이다. 아들들이 모두 왕위에 못 오를 만큼 어렸을지 의심스럽다. 실성의 귀국에서 내물왕의 사망에 이르는 시간이 5개월밖에 안 된다는 것도 수상하다. 내물왕의 수명이 다해 가는 것을 안 고구려가 실성을 보내

마립간이 되도록 영향력을 행사했다고 볼 수 있다.

신라는 적어도 내물왕 대부터 그보다 북쪽에 있는 삼척, 강릉 일대까지 차지했다. 그런데 『삼국사기』 지리지는 경상북도 영주와 울진 이북이 고구려 땅이었다고 전한다. 고구려군이 신라를 도와준 뒤 소백산맥 이남의 낙동강 상류 일부에 주둔한 것이다. 이는 5세기 말의 상황을 전하는 충주고구려비中原高句麗碑에서도 확인된다. 고구려가 이 일대의 일부 거점만 장악한 것으로 보이지만, 신라는 틀림없이 적지 않은 영토를 잃었다. 464년까지도 고구려군 일부가 경주에 주둔할 만큼 고구려의 정치적·군사적 영향력이 컸다.

사실 신라는 고구려의 지원을 받으면서 독립국으로서 존엄을 적잖이 훼손당했다. 그 반면 군사적 안정과 선진 문물의 수입이라는 면에서는 분명히 이익이 있었다. 눌지왕 대인 433년부터 신라가 표면적으로는 고구려의 영향력을 인정하면서 백제와 우호 관계를 강화하는 이중 플레이를 펼쳤다. 그러다 5세기 중엽부터는 고구려에 자주 정책의 의지를 점차 노골적으로 드러냈다. 475년, 고구려의 장수왕長壽王에게 한성을 함락당한 백제가 웅진公州에서 왕조를 재건하도록 도운 것이 결정적인 장면이다. 고구려에 전면적으로 맞서면서 백제에 영향력을 행사하는 유리한 국면을 만들었기 때문이다.

내물왕은 백제의 위협을 완화하기 위해 고구려와 우호 관계를 강화하기 시작했다. 그 과정에 우여곡절이 있었지만, 궁극적으로는 신라에 안전을 가져다주었다. 무엇보다도 신라가 고구려, 백제와 본격적으로 경쟁하는 구도를 만들어 내는 데 중요하게 기여한 것이다.

4

법흥왕, 고대국가의 초석을 다지다

율령을 반포하기까지

마립간이 된 실성은 자신을 인질로 내몬 내물왕에게 앙심을 품고 417년에 내물왕의 아들인 눌지를 고구려로 보내고는 고구려인들에게 그를 죽이도록 사주했다. 하지만 눌지가 이를 눈치채고 중간에 돌아와 도리어 실성왕을 죽이고 왕위에 올랐다. 이때부터 21대 소지왕炤知王 대까지 내물왕의 자손들이 부자 승계로 왕위를 이었다. 이렇게 김씨 왕가가 안착되는 동안 신라의 왕은 마립간으로 불리면서 최고의 지배자임을 과시했다. 고구려의 간섭에서 점차 벗어나 독자적 발전을 꾀한 신라는 고구려에게 한성을 빼앗긴 백제를 지원하면서 소백산맥 서북쪽의 금강 상류 일대로 진출하고 지역 세력에 대한 지배도 점차 강화해 갔다. 신라는 성장 궤도를 달리고 있었다.

소지왕이 죽은 500년, 그의 왕위를 육촌 동생인 지증왕이 이어받았다. 소지왕에게 아들이 없었기 때문이라고 한다. 그런데 소지왕이 자비왕慈悲王의 첫째 또는 셋째 아들로 전하기 때문에 왕위를 이을 다른 사람이 있었을 가능성이 크다. 이런 상황에서 선왕의 육촌 동생이 64세나 되어 즉위한 것은 자연스럽지 않다. 아마도 비정상적인 당시 상황을 관리한다는 명분이 작용한 것 같다. 이런 한계를 극복하기 위해 지증왕은 당시 건천읍 모량리에 근거하던 박씨 연제부인延帝夫人과 결혼했다. 눌지왕 이후 왕들이 모두 친척인 김씨 중에서 배우자를 구한 것과 차이가 있다. 다시 말해, 박씨 집단을 혼사로 끌어들여 왕위의 안전을 도모한 것이다. 그리고 정상적인 경우라면 마립간이라고 했을 지증왕이 503년까지 갈문왕으로 불렸다. 왕실을 관리하는 큰 어른을 자처하면서 정권을 안정시켜 나간 것이다. 그는 503년 10월에야 '신라 국왕'이라 칭했다. 온 나라에 새로운 덕을 펴는 왕이 되었다고 선언한 것이다.

지증왕은 77세이던 514년에 세상을 떠났다. 당시로서는 꽤 장수를 누리고 아들 법흥에게 자리를 물려주었다. 법흥왕도 박씨인 보도부인保刀夫人과 결혼하며 박씨 집단과 계속 연대해 왕위를 안정적으로 유지하려 했다. 그가 즉위식을 치렀다는 자극전紫極殿은 천자天子가 통치하는 공간이다. 앞에서 본 것처럼 자주색이 왕을 뜻하는 북극성을 상징하기 때문이다. 이것이 실제 건물 이름인지 상징적인 표현인지 확인할 길은 없지만, 지증왕에 이어 왕권을 안정적으로 유지하려는 의도가 드러난다. 키가 일곱 자에 성품이 너그러웠다는 기록도 그의 정치적 추진력을 상징적으로 보여 준다.

즉위한 지 3년 만인 517년에 법흥왕이 오늘날의 국방부에 해당하는 병부를 설치했다. 대보나 이벌찬과 같은 직책이 이미 건국 초기부터 있었지만 일반 사무와 군사 업무를 함께 총괄했다. 이제 군사만 총괄하는 관직, 병부령이 처음 만들어진 것이다. 왕이 신하들과 협의해 결정하던 군사 안건을 왕명으로 집행하게 되었다. 법흥왕은 단일 창구로 군사 지휘권을 장악했다. 그리고 520년에는 왕권을 더욱 안정시키고 통치의 기준을 확립하기 위해 율령을 반포했다. 발표 날짜를 정월로 잡은 것은 국가적인 차원에서 추진된 일이라는 뜻이다. '율律'은 형법으로서, 범죄에 대한 처벌 기준을 가리킨다. '영令'은 행정법으로서, 행정 집행의 기준을 밝힌 것이다. 율령은 268년 서진에서 기본 형태가 기원하며 위진남북조시대를 거치는 동안 점차 모양을 갖추었다. 신라에 법이 없지는 않았다. 이미 고조선에서 8조법이 있었다. 따라서 고조선의 망명인이 많던 건국 시기에 이 법률을 경험한 사람들이 있었을 것이다. 또 내물왕 대 이후 고구려에 파견된 사신이나 377년과 382년에 전진에 파견된 사신은 현지의 법률을 경험했을 것이다. 6세기 초에 세워진 포항중성리신라비나 포항냉수리신라비를 보면, 지역에서 일어난 재산 분쟁을 해결하기 위해 중앙에서 '교敎'나 '영令'이라는 이름으로 행정명령을 내린다. 행정을 위해 일정한 기준이 마련된 것인데, 이런 기준은 체계적인 법률보다 고유한 전통과 관습에 근거했다. 일종의 관습법이 오랫동안 법률 구실을 한 것이다. 하지만 일정한 사안을 처리하기 위한 법률은 율령 반포전부터 존재했을 가능성이 있다. 결국 그동안 개별적, 관행적으로 운영되던 법률이나 규칙을 체계적인 법률로 만든 것이 율령이다.

법흥왕의 율령에서 가장 강조한 것이 관복의 색깔이다. 관리의 등급에 따라 색을 달리한 것이다. 자주색은 1등 이벌찬부터 5등 대아찬까지 적용되었다. 붉은색은 6등 아찬부터 9등 급찬까지 적용되고, 그 뒤부터 17등 선저지까지는 푸른색과 황색이 쓰였다. 이는 바로 꼭대기에 있는 왕의 권위를 강조하기 위한 장치였다.

　　신라에서 관리의 등급은 신분제도인 골품제와 연결되었다. 왕의 친척 중에서도 후계자가 될 가능성이 높은 근친은 성골, 그 가능성이 낮은 친척은 진골이라고 했으며 대아찬 이상의 관직은 모두 진골 이상이 차지했다. 사실상 왕족이 장관급 관직을 독점한 것이다. 6두품부터 1두품에 이르는, 왕족이 아닌 지배층은 아찬까지만 오를 수 있었다. 건국 당시 6촌장의 후손이나 옛 소국 왕의 후손 들은 최고 6두품까지 될 수 있었다. 율령에 이런 한계를 명시했을 것이다.

　　관청의 운영 방식도 중요한 만큼 율령은 병부를 비롯한 각종 관청과 소속 관리의 기능도 설명했을 것이다.

　　한편 울진 봉평 신라비에는 노인법奴人法, 즉 새로 편입된 영토의 특정 지역 집단에게 세금과 노역의 의무를 부과하는 규정이 등장한다. 단양 신라적성비에 있는 적성 전사법佃舍法은 토지 운영을 규정한 것으로 보인다. 이런 법들이 율령 반포 이후 확인됐지만, 특정 분야를 위한 법률 위에서 율령이 중요한 기준으로 작용했을 것이다.

　　율령은 관직과 관청의 위계를 강조해 왕을 초월적 존재로 만들었다. 536년에 법흥왕이 신라에서 처음으로 연호를 정해 건원建元이라고 했다. 534년을 건원 1년으로 삼은 것이다. 현재 우리가 쓰는 서기가 서양

서악동 고분군의 추정 법흥왕릉
맨 앞의 4호분이 법흥왕릉. 차례대로 그 뒤의 3호분이 법흥왕비 보도부인릉. 2호분이 진흥왕릉. 1호분이 진지
왕릉이라는 견해가 있다.

문명을 상징하듯, 일종의 달력인 연호는 그것을 제정한 사람이 온 세상
의 최고 지배자라는 뜻을 담고 있다. 원래 중국 한의 황제가 연호를
쓰기 시작했고, 우리나라 삼국에서는 광개토왕이 391년부터 영락永樂이
라는 연호를 썼다. 법흥왕이 연호 제정을 통해 신라가 광대한 영토를
지배하는 강대한 나라가 되었음을 선포한 것이다. 그는 왕호도 태왕太王
으로 고쳤다. 그보다 앞서 광개토왕도 태왕이라고 했다. 539년 울주군
대곡천의 천전리 각석계곡 절벽에 새긴 글에서 법흥왕을 태왕이라고
한 것이 보인다. 그냥 왕이 아니라 왕 중의 왕이라는 위상을 과시한
것이다. 드디어 신라가 중앙집권적 고대국가의 초석을 다졌다.

이차돈을 희생시킨 이유

법흥왕이 율령을 반포함으로써 신라를 체계적으로 다스릴 법률적 수단을 마련했지만, 이것만으로 고대국가가 완성되지는 않았다. 국왕의 권력을 이념적으로 뒷받침하지 못하면 지배 세력과 백성에게 자발적인 충성을 기대하기 어렵기 때문이다. 역사 속 지배자들은 이념을 대체로 종교에서 찾았다.

우리 역사 속 초기 종교의 흔적을 보여 주는 대표적 자료인 『삼국지』에 따르면, 삼한의 소국에는 저마다 제사를 주관하는 천군이 있었다. 제사의 대상은 천신이다. 예를 들면, 탈해가 동해안에 도착했을 때 고기잡이 할멈은 이 일이 길한지 흉한지를 판단하기 위해 천신의 뜻을 묻는 의식을 치렀다. 혁거세가 알에서 탄생했다는 이야기도 천신과 무관하지 않다. 알은 새가 날아다니는 하늘의 정기를 받아 이 땅에 내려왔다고 볼 수 있기 때문이다. 부여에서는 소 발굽을 불에 구워, 그것이 갈라지는 모양을 보고 하늘의 뜻을 판단했다. 경산시 임당동 유적에서는 점을 치는 데 쓰던 동물의 뼈, 복골이 나왔다. 여러 지역의 천신이 하늘에 존재한다는 점에서 모두 같아 보여도 구체적인 신앙의 내용은 달랐을 것이다.

삼한의 각 소국에는 소도라는 신성 구역이 있어서, 범죄자라도 이곳에 들어가면 함부로 잡아들일 수 없었다고 한다. 『삼국지』에서는 소도의 구실이 불교와 통하지만 구체적인 내용은 다르다고 했다. 소도에서 섬기는 대상은 천신을 비롯해 여러 신이 있었다. 지역마다 신앙의 형태가 다양했을 것이다.

신라가 새로 확보한 영토에도 고유한 전통을 계승한 종교가 여전히 존재했다. 종교가 다양하다는 것은 세계관이 서로 다르다는 뜻이고, 이 것이 국가를 효율적으로 통치하려는 왕에게는 커다란 난관이었다. 자연 스럽게 종교적 통합에 대한 갈망이 생겼다.

후한後漢 대 중국에 전해진 불교가 372년에 전진을 통해 고구려로 들 어왔다. 당시 고구려와 우호 관계를 유지하고 있던 신라는 사신들을 통 해 불교를 알게 되었다. 하지만 불교가 종교로서 신라에 전해지는 데는 시간이 적지 않게 걸렸다. 『삼국유사』에서는 미추왕 대인 263년에 고구 려로부터 신라에 불교가 전해졌다는데, 이를 그대로 믿을 순 없다. 실제 로 불교가 전해진 시기는 눌지왕 대417~458로 보인다. 이 시기에 고구려 에서 온 묵호자墨胡子가 현재 구미시 선산읍에 해당하는 일선에 살던 모 례毛禮의 집에서 토굴을 파고 머무르며 불교를 전한 것이다. 그런데 묵호 자는 사람 이름이 아니고, 검은 옷을 입은 오랑캐라는 뜻이다. 즉 낯선 승복을 입은 이방인이 신라에 불교를 전했다. 당시 번듯한 법당이나 집 을 짓지 못한 것은 국가 차원에서 불교를 받아들일 분위기가 갖춰지지 않기 때문이다. 변경의 지배 세력 가운데 일부가 불교를 받아들였다 는 뜻이다. 2016년부터 2020년까지 구미시 도개면 주륵사 터에서 발견 된 초기 불교 관련 유물이 신라에 불교가 전파된 증거로 주목받고 있다.

선산은 고구려에서 충주, 이화령, 문경을 거쳐 신라로 가는 교통로에 있었으며 추풍령을 통해 백제로 가기에도 유리했다. 백제는 침류왕枕流王 대인 384년에 불교를 공인했다. 신라의 불교가 고구려를 통해 전해졌지만 백제의 영향도 있었던 것이다. 539년 영주시 순흥면에 조성되었다는 돌방무덤의 벽화에 극락왕생이라는 염원을 담아 연꽃과 서쪽을 향한 새가 그려져 있다. 물론 신라에서 불교가 공인된 뒤의 그림이지만, 죽령 근처 변경 지역이 5세기 초에 고구려로 편입된 적이 있다는 점을 생각하면, 그 영향으로 북쪽 변경에는 불교의 영향이 비교적 일찍 미친 것으로 보인다.

신라 왕실에 승복과 향이 전해졌을 때 사람들이 그것을 어떻게 쓰는지 몰랐다. 그래서 전국에 사람을 보내 사용법을 묻게 했고, 묵호자가 향은 신성한 존재에게 정성을 드리기 위해 불에 태워 냄새를 내는 물건이라고 설명했다. 여기서 신성한 존재는 부처, 부처가 전하는 진리인 달마, 부처의 가르침을 실천하는 사람 등 불교에서 말하는 세 가지 보배[三寶]다. 눌지왕의 두 딸이 병에 걸렸을 때 묵호자가 향을 태우고 딸의 소원을 말하게 해서 병을 치료했다고도 한다. 초기 승려들이 선진 약물 지식을 활용해 치료사의 구실까지 한 것이다. 이 일 뒤로 왕이 계속 곁에 두려 했으나 묵호자는 선산의 모례에게 들렀다가 행방을 감췄다고 한다. 왕실에서 점차 불교를 받아들였지만, 본격적인 포교가 이루어지지 않았다고 볼 수 있다.

소지왕 대에는 아도阿道라는 승려가 아랫사람 세 명과 또 모례의 집을 찾았다. 그는 묵호자와 비슷한 모습으로 몇 년을 살다 병 없이 죽고, 같이 온 세 사람은 그곳에서 계속 불교를 전했다고 한다. 『삼국사기』를 중심으로 정리한 이런 이야기는 변경 지역에서 불교의 전파가 유동적이었음을 보여 준다. 이야기에 등장하는 사람들이 서로 겹칠 수도 있다.

당시 궁궐에 승려가 상주하는 불당이 있을 만큼 왕실이 불교를 적극적으로 믿었는데, 488년에 궁궐에서 승려와 왕의 첩이 간통하다 발각되어 왕에게 죽임을 당한다. 이 일은 소지왕이 천천정이라는 정자에 행차했다 쥐의 말을 듣고 벌어졌다고 하며 왕이 쥐의 말대로 거문고 상자를 활로 쏘았더니, 그 뒤에 승려와 왕의 첩이 숨어 있었다는 것이다. 불륜을 소재로 삼았으나, 궁에서 불교를 중시하는 세력과 반대하는 세력 간 마찰로 이해할 수 있다. 승려가 사형당한 점을 보면, 불교를 지지하는 세력이 타격을 입었을 것이다.

신라에서 불교를 크게 일으키려 한 이가 법흥왕이다. 그가 527년에 형산강과 남천이 만나는 곳 동북쪽에 큰 사찰을 지으려고 했다. 바로 천경림이라는 수풀로, 원래 법당도 띠풀을 엮어 지었다는 기록이 있다. 그런데 이곳에 궁궐의 불당을 대신할 사찰을 짓는다는 법흥왕의 계획을 신하들이 반대하면서 불평했다. 이들은 승려가 머리를 다 깎고 이상한 옷을 입으며 논리가 괴상해 일반적인 도道와 다르다고 주장했다. 이들은 그대로 있으면 후회할 일이 생길 터라, 자신들이 무거운 벌을 받아도 왕명은 못 따르겠다고 단언했다. 이들의 이름은 공목工目과 알공閼恭이라고도 하고, 대신大臣 알공이라고도 한다. 어느 쪽이든 상당한 지위에 있던 신하들이 법흥왕의 대역사를 적극적으로 저지한 것이다. 이들은 고유한 전통 신앙과 연결된 자신들의 기득권을 지키려고 했다. 이렇게 왕이 난처해진 상황에 이차돈이 나섰다. 자기 목을 베어 기적이 생기면 불교를 받아들이고, 그렇지 않으면 반대하는 신하들을 따르라고 했다. 왕이 눈물을 머금고 이차돈을 관리에게 넘겨 목을 베게 했다. 목을 베니

피가 한 길이나 솟구쳤는데, 그 색이 우윳빛처럼 희었다고 한다.

　순교자가 죽임당할 때 우윳빛 피가 흐른다는 이야기는 불교 경전인 『현우경賢愚經』에 등장한다. 이차돈 이야기는 대형 사찰의 건설을 둘러싼 갈등으로 희생당한 그를 추모하기 위해 불교 경전을 인용했다. 사찰 건립을 추진하는 왕실과 반대파의 대립이 그만큼 컸다는 뜻이다.

　이차돈은 지증왕의 아버지인 습보갈문왕習寶葛文王의 증손자로 전한다. 법흥왕은 습보갈문왕의 손자니, 이차돈에게는 오촌 아저씨다. 이렇게 왕의 친척이자 신하인 이차돈이 왕을 편드는 것은 당연하다. 그런데 이차돈이 죽기까지 했으니, 그에게 일정한 책임이 있었던 것 같다. 궁궐에는 원래 승려가 있었으니, 불교의 존재 자체는 이차돈의 책임이 아니다. 아마 천경림에 사찰을 건립하려고 일을 추진하는 과정에 생긴 문제를 수습하고 갈등을 봉합하는 차원에서 이차돈이 희생당했을 것이다.

　이 사건을 계기로 천경림의 사찰 건립은 중단되었다. 반대파도 더는 불교를 헐뜯지 않았다고 한다. 불교 지지파와 반대파 사이에 어느 정도 타협이 있었다. 불교에서는 끊임없는 윤회 속에서 전생의 행동이 현재에 업보로 작용한다고 보는데, 귀족들이 이런 논리에 호응하기 시작했다. 불교를 통해 왕권과 귀족들의 권리가 조화를 이루기 때문이었다. 이런 분위기 속에 불교가 공인되었다. 529년에 왕이 영을 내려 살생을 금지한 사실이 그 증거다. 불교가 받아들여지면서 불교 사찰 건립도 다시 추진되었다. 535년에 천경림에서 대대적으로 나무를 베어 내면서 공사를 착착 진행했다. 그리고 진흥왕 대인 544년에 대흥륜사라는 이름으로 완공되었다.

이차돈순교비
817년에 제작된 것으로,
원래 옥개석이 덮여 있었다.

　『삼국사기』는 이차돈이 희생당한 이유가 왕에 대한 충성과 불교 공인
을 위한 열정에 있었다고 한다. 하지만 근본적으로는 왕을 중심으로 한
친불교 세력과 그 반대 세력 사이에 오랜 갈등이 있었다. 대형 사찰 건립
으로 왕의 위엄을 높이려던 법흥왕과 이를 견제하는 세력 간 갈등이 폭발
한 것이다. 법흥왕은 이차돈의 희생을 막으려다 실패했다. 그래도 결과
적으로는 불교 이념을 통해 왕권을 안정시킨다는 목적을 이뤘다.

금관국 흡수를 둘러싼 신라의 전략

　고대국가를 완성하기 위해 반드시 필요한 것 중 하나가 넓은 영토다.

신라는 5세기 후반에 소백산맥을 넘어 금강 상류까지 진출하고, 죽령 이남의 낙동강 상류 일대를 고구려로부터 되찾았다. 그 반면 상대적으로 가까운 가야와 낙동강 하류를 사이에 둔 채 대치하는 상황이 발전에 큰 걸림돌이 되었다.

신라는 일찍부터 낙동강 하구의 양산 지역에 진출해 금관국과 대치했다. 『삼국사기』는 그 시기가 탈해왕 대인 77년쯤이라지만, 실제로는 3세기 후반 이후일 것이다. 그런데 금관국이 현재 창원시에 편입된 마산 주변 여러 나라의 공격을 받았고, 이를 신라가 격퇴해 주었다. 전하기로는 그 시기가 209년이라지만, 가야 소국의 형세를 보면 그보다 뒤인 3~4세기 것이다. 이 사건을 계기로 신라가 금관국에 정치적 영향력을 행사한 듯하다. 금관국 지배 세력의 5세기 무덤에서 많이 발견된 제사용 그릇이 신라 계통 토기라는 사실이 이를 뒷받침한다. 제사는 지배 세력의 정치적 정당성을 드러내는 행위였다. 따라서 제사에 쓰이는 그릇이 신라 계통 토기라면 신라가 정치적 영향력도 미쳤다는 뜻이다. 하지만 당시 김해 지역 무덤에서는 소가야^{고성}, 대가야^{고령} 등의 토기도 많이 나왔다. 금관국이 신라의 우위를 인정하면서도 가야 소국과 교류함으로써 독자성을 지킨 것이다.

지증왕이 즉위한 500년 이후 영향력을 확대하려는 신라와 독자성을 지키려는 금관국이 대립했다. 500~504년에 신라의 이사부^{異斯夫}가 금관국 변경의 읍락을 빼앗았다. 양산 지역 관리였던 그가 말[馬]을 이용한 속임수로 상대의 방비를 허술하게 만든 뒤 급습한 것이다. 하지만 금관국의 핵심 지역은 여전히 건재했다.

514년에 즉위한 법흥왕은 가야에 대해 적극적인 전략을 폈다. 522년에 대가야 왕에게 이찬으로 있던 친족 비조부比助夫의 누이를 보내 결혼시켰다. 대가야는 5세기 후반부터 가야 연맹을 주도하고 있었다. 이 혼인을 통해 가야 지역에 대한 영향력을 확대하려고 한 법흥왕의 전략은 상당한 효과를 냈다. 524년에 법흥왕이 남쪽 변경 순시에 나서자, 금관국 왕이 와서 만났다. 이는 대등한 회담이 아니었다. 양국의 우호 관계를 명분으로 내세웠지만, 낙동강 하구 방면에서 신라의 우위를 재확인했다. 금관국 왕은 상당한 압박을 느꼈을 것이다.

525년에는 법흥왕이 오늘날의 상주에 사벌주를 설치했다. '주州'는 전략적 요충지의 군사기지인 동시에 주변 성곽과 촌락 지배의 중심지였다. 동해안에서는 505년에 실직주삼척가 설치되었는데, 낙동강 유역에 주가 설치되기는 처음이었다. 사벌주는 낙동강 상류 일대를 확실하게 장악하겠다는 의지의 상징이었다. 그다음 칼끝은 자연스럽게 낙동강 하류를 향했다.

금관국은 가야의 여러 나라와 협조해 독립을 유지하려 했다. 하지만 신라의 압박으로 이런 협조는 오래가지 못했다. 금관국은 결국 527년 직전 신라의 공격으로 무너져 그 세력권으로 편입되었다. 주변의 가야 소국들은 이를 바라지 않았지만, 신라의 압박에 부담을 느끼고 금관국과 연대하기를 사실상 포기했다. 금관국 왕이 존재해도 금관국이 멸망했다고 여겼다. 532년에는 금관국 구해왕仇亥王이 세 아들과 신라에 항복했다. 껍데기만 남은 금관국을 유지하기보다는 신라에서 대우받는 쪽을 선택한 것이다. 법흥왕에게 이 항복은 낙동강 하구 서쪽의 영토 확보를 의미했다. 다른 가야 소국들에도 영향력을 발휘할 수 있는 좋은 기회였다. 법흥왕이 구해왕에게 높은 벼슬을 내렸다. 구해왕의 셋째 아들 무력武力은 여섯째 관등인 아찬에 오르고, 554년 관산성 전투에서 백제의 성왕聖王을 죽이는 공을 세웠다. 그 뒤에는 총리급인 각간까지 되었다. 구해왕의 벼슬 이름은 전하지 않지만, 그 아들을 볼 때 아찬 정도는 됐을 것이다. 김해 지역을 대대로 상속할 수 있는 식읍으로 받은 구해왕의 후손은 신라의 왕족으로 편입되었다.

신라는 정복한 소국의 왕족을 제거하거나 그들의 본거지를 강제로 옮기는 경우가 많았다. 이런 점을 생각하면, 구해왕이 받은 대우는 파격적이다. 신라가 금관국 왕족을 우대한 이유가 뭘까? 무엇보다 자발적으로 항복했다는 점을 들 수 있다. 즉 항복하면 좋은 대우를 받는다는 신호를 다른 가야 소국들에 보낸 것이다. 6세기 초, 신라는 고구려의 군사적 압박에 부심했다. 5세기에 동맹이던 백제도 이때는 신라와 긴장 관계에 있었다. 이렇게 북쪽의 고구려, 서쪽의 백제에 대응해야 했던 신라는 후방의 안전이 시급해졌다. 하지만 금관국 서쪽에는 안라국함안을 비롯한 가야 소국이 신라와 대치하고 있었다. 신라 왕족과 혼인 관계를 맺은 대가야도 529년에는 신라와 마찰을 빚었다. 이런 상황에서 신라는 금관국 왕족을 우대하지 않을 수 없었다. 금관국이 협조한다면, 신라는 가야 세력이 힘을 합쳐 대응해 오는 것을 막을 수 있었다. 이런 전략과 구해왕의 현실적 선택이 신라에서 금관국 왕족이 부상하는 배경이 되었다.

5

이사부 장군, 영토 확장의 영웅이 되다

낙동강 하구를 건넌 청년 장군

5세기까지 신라 영토의 대부분은 경상북도와 낙동강 하구 동쪽의 경상남도 일대였다. 소백산맥 서쪽에서는 금강 상류로 진출하고, 동해안에서는 강릉 경계까지 올라갔다. 하지만 경상도의 기존 영토를 크게 넘어서진 않았다. 이런 한계를 극복한 주인공이 이사부다.

이사부는 내물왕의 4세손으로 법흥왕과 같은 세대인데, 아버지부터 증조까지는 누구인지 알 수 없다. 지증왕-법흥왕 부자와 이사부의 가족 관계가 전하지 않는 점에서, 이사부가 이들과 친척이긴 해도 촌수가 가깝진 않은 것 같다. 이사부는 태어난 해도 전하지 않아, 활동 시기를 바탕으로 480년대에 태어나 소지왕 대에 어린 시절을 보냈을 것으로 본다. 당시 신라는 소백산맥 같은 변경 지역에 적극적으로 성을 쌓아 방어를 튼튼히 하고 있었다. 어린 이사부는 경주에서 변경으로 떠나는 장군이나 병사들을 많이 보았을 것이다. 이런 모습이 그에게도 현실이 되어, 500~504년에 낙동강 하구의 양산 지역에 관리로 파견되었다. 금관국이 신라의 간섭에 반발해 긴장이 감도는 지역이었다. 젊은 왕족이 가기에는 부담스러운 지역인 만큼 왕이 그를 믿고 맡긴 것이다. 탈해왕 대에 이곳에 파견된 거도居道는 주변을 자주 침범하는 우시산국과 거칠산국 때문에 근심이 많았다. 그가 해마다 병사와 말을 들판에 모아 놓고 놀이처럼 두 나라 사람들을 속였는데, 어느 날 똑같은 방식으로 두 나라를 갑자기 공격해 멸망시켰다. 이를 알고 있던 이사부도 말놀음을 벌였다. 그리고 금관국의 방비가 소홀한 틈을 타 기습했다. 하지만 그가 공격하기에는 금관국 중심부가 멀리 떨어진 만큼 금관국의 동북쪽 변경에서 일부 읍락을 점령하는 데 만족할 수밖에 없었다.

양산과 김해는 남해에서 낙동강 유역으로 들어가는 유일한 통로다. 그 동쪽 연안을 신라가 차지했지만, 서쪽 연안에 금관국이 존재하는 한 낙동강 수로를 통제하는 데 한계가 있었다. 그런데 이사부의 작전이 성공해 신라가 낙동강 하구의 서쪽 연안에도 근거지를 확보하게 된 것이다. 이는 신라가 낙동강 수로를 본격적으로 통제하면서 가야 소국을 지속적으로 압박하는 계기가 되었다. 이사부의 작전은 그때까지 신라 변경의 장군이 주변 지역을 정복했다는 기록으로는 유일하다. 청년 장군이 이렇게 큰 공을 세운 만큼, 신라 사람들에게 소중한 기억으로 남은 것 같다. 이사부에 대한 이야기가 거도의 활동과 연결되어 전해진 사실이 그 증거다. 이는 향후 이사부의 왕성한 활동을 암시한다.

우산국을 정복하기까지

신라는 내물왕 대인 4세기 후반에 삼척을 거쳐 하슬라_{강릉}까지 진출했다. 하지만 5세기 초에 고구려가 아혜_{포항 청하}까지 진출했다. 이 방면에서 고구려는 전략적 요충지의 성과 이를 연결하는 교통로를 중심으로 지배했지만, 신라로서는 큰 타격이었다.

5세기 중엽에는 신라가 실직과 하슬라 일대를 회복하는데, 이 과정에 한강 상류의 기지에서 태백산맥을 넘어온 고구려 장수가 실직에서 사냥을 하다 신라의 하슬라 성주에게 살해당하는 사건이 발생했다. 이에 분노한 고구려의 장수왕이 신라의 서쪽 변경을 공격했다. 하지만 눌지왕이 겸손한 말로 사과하면서 신라는 실직을 포함해 동해안 일대를 굳건히 지켜 냈다. 한성을 함락당한 백제를 도와 고구려와 전면적인 대립을 감수할 때 신라는 소백산맥 주변에 성을 많이 쌓으며 대비했다. 왜와 가야의 침입으로부터 신라를 구원했다고 자부한 고구려는, 배신감을 느끼고 481년에 경주를 목표로 동해안을 따라 대대적으로 공격했다. 이때 신라는 미질부_{흥해}까지 내려온 고구려군을 백제와 가야의 도움으로 격퇴할 수 있었다.

지증왕이 504년에 미질과 골화_{영천} 등에 성을 쌓아 북방의 방비를 강화하고 505년에는 실직주를 설치했다. 그리고 이곳을 관리하는 벼슬인 군주軍主로서 처음 파견된 인물이 바로 이사부다. 실직주의 군주는 동해안의 북쪽 변경을 다스리는 동시에 방어를 책임지는 사령관이었다. 젊은 그가 이런 직책을 맡은 것은 낙동강 하구에서 가야 공격에 성공한 공로를 인정받은 결과다. 신라로서는 삼척을 거점 삼아 그 이북으로 영토를 확장하겠다는 의지를 보인 것이다. 이사부는 512년 이전에 훨씬 북쪽에 있는 하슬라주의 군주가 되었다. 북방 진출에 대한 신라의 의지가 더욱 강화된 결과다.

한편 동해안의 변경을 지키려면 주변 지역과 연결을 튼튼히 할 필요도 있었기 때문에, 서북쪽으로 소백산맥 너머 남한강 상류를 압박하는 정책이 추진되었다. 하지만 이곳은 5세기 초부터 고구려가 차지하고 있어서 쉽지 않은 정책이었다. 반대편의 동해 연안에서는 바닷길의 중요성이 컸다. 육로가 주로 이용되지만, 때로는 동해 연안이 군사와 물자의 운송에 유리했기 때문이다. 이는 눌지왕 대 박제상朴堤上이 왕의 동생 복호卜好를 고구려에서 탈출시킬 때 강원도 고성에서 바닷길을 이용한 것으로 알 수 있다. 이사부가 실직주 군주로 파견되던 해에 신라가 선박 이용 제도를 정비한 것도 동해 연안의 방비가 중요했음을 보여 준다.

우산국, 즉 울릉도는 삼척에서 동쪽으로 143킬로미터 떨어진 섬이다. 육지에서 멀고 크기가 사방 100리 정도라 신라에 직접적인 위협이 되진 않았다. 하지만 신라가 장기적인 발전을 도모하려면 이곳도 장악할 필요가 있었다. 하슬라주 군주로서 이사부가 우산국에 관리를 파견해 신라에 복속하라고 요구했다. 하지만 우산국 사람들은 먼 거리와 험한 지형을 믿고 항복하지 않았다. 실제로 순풍을 타도 이틀이 걸려야 닿는 곳에 많은 군사를 이끌고 가서 전투를 벌인다는 것은 위험부담이 컸다. 게다가 우산국 사람들의 성질이 사나운 것도 이사부를 고민스럽게 했다. 결국 그는 정면 돌파 대신 지능적인 작전을 선택했다.

©삼척시립박물관

이사부 장군의 표준영정

512년 6월, 그가 나무사자를 많이 만들어 전함에 나누어 싣고 우산국으로 출발했다. 출항한 곳이 강릉인지 삼척인지는 논란이 있다. 이사부의 주둔지를 생각하면 강릉이었을 테지만, 항해 거리를 단축하기에는 삼척이 유리했다. 우산국에 도착한 이사부는 항복하지 않으면 사나운

짐승을 풀어 밟아 죽이겠다고 위협했고, 나무사자 같은 모양을 본 적이 없던 우산국 사람들은 두려워서 항복했다고 전한다. 이때부터 우산국은 해마다 신라에 조공을 바쳤다.

신라는 이렇게 우산국을 차지하고 동해 연안의 항로를 안정적으로 이용할 수 있게 되었다. 측면에서 공격당할 위험이 거의 사라졌기 때문이다. 이런 상황은 신라가 동해안을 타고 북상하는 데 든든한 배경이 되었다. 우산국은 고구려가 왜를 오갈 때 지나는 길목과 가깝기도 했다. 고구려의 사신이 원산에서 출발하면, 연안을 따라 내려와 삼척 주변에서 울릉도를 향하다가 동남쪽에 있는 일본 혼슈섬에 도착했기 때문이다. 신라로서는 고구려와 왜가 손잡고 위협해 올 가능성이 크게 줄었다. 이사부의 우산국 정벌은 단순히 섬 하나를 차지한 데 그치지 않고 신라의 대외 안정과 영토 확장에 큰 버팀목을 마련한 것이다.

울릉도의 동쪽 92킬로미터 거리에 독도가 있다. 울릉도 사람들은 독도에 가서 고기잡이를 하곤 했다. 일본 섬 중 독도와 가장 가까운 오키섬과 독도의 거리는 158킬로미터로, 울릉도에 비해 훨씬 멀다. 이런 차이도 독도가 한국 땅이라는 사실에 중요한 근거가 된다. 이사부의 우산국 정벌은 독도를 한국 땅으로 만들었다는 점에서도 의미가 있다.

가야 4촌을 공격하다

이사부는 우산국을 정복하고 얼마 있다 하슬라주 군주를 그만두고 경주로 복귀한다. 그 뒤 행적은 분명하지 않지만 중앙 관직을 맡은 것 같다. 그의 행적이 구체적으로 확인되는 곳은 다시 가야다.

527년까지 신라가 금관국와 탁기탄국을 멸망시켰다. 탁기탄국의 위치는 창원과 김해 사이로 추정된다. 이사부가 장악해 둔 낙동강 하구 서쪽이 공격의 근거지가 되었을 것이다. 신라는 이곳을 발판 삼아 서쪽의 안라국, 탁순국^{창원} 등을 압박했다. 가야 소국을 차례로 손에 넣는 것이 신라의 장기적인 목표였다. 그런데 안라국이 앞장서서 백제와 왜를 끌어들여 신라에 맞서려 했다. 529년에 왜에서 파견된 아후미노케나노오미^{近江毛野臣}가 안라국에 머무르면서 백제와 신라를 화해시키려고 했다. 한편 백제가 그 전에 대가야로부터 섬진강 하구의 다사진^{하동}을 빼앗아 양국 사이에 긴장이 높아지고 있었다. 이에 신라를 끌어들여 대항하려 한 대가야 왕이 신라 왕족과 혼인했는데, 신라 왕족 수행원들의 복장 문제가 불거져 양국 사이에 불화가 생겼다. 그러자 신라가 대가야의 변경을 공격하는 상황에서 아후미노케나노오미가 웅천^{창원시 웅천동}에서 백제와 신라의 왕을 함께 만나겠다고 연락했지만, 두 나라가 하급 관리만 보냈다. 이에 아후미노케나노오미가 고위 관리의 파견을 요구했고, 이 때 신라가 보낸 사람이 바로 이사부다.

이때 이사부의 관직이 상신 또는 나마였다고 한다. 상신은 지금의 국무총리에 해당하는 상대등을 가리키고, 나마는 열한째 관등으로서 주로 고위직의 수행원으로 활동했다. 이사부를 상신이라 한 것은 이때가 아닌 나중 벼슬을 말한 것이고, 나마는 이미 군주를 맡아본 이사부에게 어울리지 않게 낮다. 아후미노케나노오미를 만나러 갈 때 이사부는 군사를 3000이나 거느렸는데, 이 정도 병력은 외교 접촉과는 거리가 있고 군사적 시위에 가깝다. 아후미노케나노오미는 당연히 두려움을 느끼고 웅천에서 안라국 쪽에 자리한 기질기리성으로 퇴각했다. 병사들을 통해 이런 상황을 면밀히 파악한 이사부는 실질적인 협상이 어렵다고 판단해 금관金官, 배벌背伐, 안다安多, 위타委陀 등 4촌을 약탈하고 돌아갔다. 당시 금관국은 신라가 이미 차지하고 있었기 때문에, 이 4촌은 금관국과 웅천 사이에 자리했을 것이다.

이 이야기가 전하는 『니혼쇼키日本書紀』에는 천황이 아후미노케나노오미를 보내 백제와 신라의 회담을 명령한 것처럼 기록되어 있다. 하지만 실제로는 신라의 압박에서 벗어나기 위해 백제와 왜를 이용하려던 안라국의 상황을 일본의 시각에서 각색한 것이다. 『니혼쇼키』에서는 이사부보다 아후미노케나노오미의 잘못이 크다고 결론 내렸다. 신라와 안라국의 협상이 실패로 돌아간 결과, 이사부가 변경의 촌락을 공격한 것이다.

이사부는 젊은 시절에 낙동강 하구 너머 금관국의 변경을 공격했다. 이 경험이 529년에 금관국을 지나 안라국과 맞닿은 지역을 공격하는 데 도움이 되었다. 신라는 과거에 이사부가 확보한 낙동강 하구 서쪽의 교두보와 금관국을 넘어 안라국까지 넘보게 되었다.

금현성과 도살성을 차지하다

가야의 4촌을 공격한 이사부는 경주로 돌아갔다. 혁혁한 군공을 쌓아 지위가 점점 올라갔고, 541년 3월에는 병부령이 되었다. 진흥왕이 즉위하고 7개월 만이었다. 병부령은 중앙과 지방의 군무를 총괄하는 장관이었고, 당시 군무는 행정 업무와 함께 국정의 절반을 차지했다. 전문적인 관서 중에서 병부가 가장 먼저 법흥왕 대에 설치된 것도 그만큼 비중이 컸기 때문이다. 그는 이찬 자리에 올라 총리에 가까운 권한을 행사했다.

545년 7월, 이사부가 진흥왕에게 국사國史 편찬을 건의했다. 고구려는 일찍부터 역사서가 있었고, 백제는 4세기 후반 근초고왕 대에 『서기書記』를 편찬했다. 이를 의식한 이사부가 임금과 신하의 선악을 기록해 후세에 모범을 보여야 한다고 주장했다. 6세기 들어 크게 성장한 신라의 위상에 걸맞게 국가의 탄생과 발전 과정에 정당성을 부여하자는 것이었다. 이는 진흥왕의 왕권을 안정시키는 방법이며 영토 확장에 큰 공을 세운 자신의 위상을 높이는 길이기도 했다. 진흥왕은 이사부의 건의를 받아들이고 그의 추천을 받아 거칠부居柒夫에게 국사를 편찬하게 했다.

신라의 성장은 삼국 간 항쟁과 맞물릴 수밖에 없었다. 이사부의 우산국 정복은 5세기 중엽 이후 고구려의 간섭을 떨쳐 낸 결과였다. 고구려의 남진을 막기 위해 5세기 초부터 줄곧 유지한 나제동맹의 절정은 백제의 웅진 천도를 도운 것이다. 백제와 고구려의 대결 상황을 이용한 신라가 470년에는 소백산맥 너머 금강 상류에 삼년산성보은을 쌓았다. 이곳은 백제의 중심부인 금강 중류 방면을 압박할 수 있고 남한강 상류의 고구려군을 막을 수 있는 전략적 거점이었다. 그 뒤 신라는 매곡산성보은군 회인면과 일모성청주시 문의면을 쌓아 미호천의 청주 방면을 넘보게 되었다. 미호천은 금강의 지류지만, 금강 상류보다 더 넓은 농경지를 거느리고 있었다. 게다가 남한강 상류의 고구려군으로부터 백제의 수도를 방어하는 요충지였다. 청주시 신봉동 고분군에서 5세기부터 6세기 중엽까지의 마구류와 무기류가 집중적으로 나온 것이 이를 증명한다. 결국 금강 상류의 신라군과 미호천 유역의 백제군, 남한강 상류의 고구려군이 군사적 삼각관계를 이루며 긴장감이 높아졌다.

삼국의 균형은 550년에 깨진다. 이해 1월, 백제가 군사 1만을 동원해 고구려의 도살성_{증평읍 이성산성}을 빼앗았다. 이곳이 미호천 상류에서 남한강 상류의 음성, 충주로 통하는 길목인 만큼 백제는 미호천 유역의 안전을 적극적으로 확보한다는 계획이 있었다. 이에 반발한 고구려는 3월에 도살성을 지나 백제의 금현성_{세종시 전의면 금성산성}까지 빼앗았다. 이곳은 미호천과 금강의 합류 지점을 남쪽으로 굽어보는 요충지로, 서남쪽으로는 웅진뿐만 아니라 당시 수도였던 사비_{부여}까지 위협할 수 있었다. 백제군과 고구려군이 죽을힘을 다해 싸우면서 양쪽 모두 피해가 갈수록 커졌다. 이 틈을 이사부가 놓치지 않았다. 그가 군대 수천 명을 이끌고 가서 두 성을 모두 빼앗았다. 그러고는 두 성을 증축하고 정예군 1000명을 남겨 지키게 했다. 이 일로 직접적 피해가 큰 쪽은 고구려였다. 고구려군이 만회를 위해 금현성을 공격했으나, 미리 지키고 대비한 신라군은 이를 물리치고 퇴각하는 고구려군을 끝까지 추격해 크게 이겼다.

이때부터 미호천 유역은 신라의 차지가 되었다. 웅진을 위협당하게 된 백제가 그 일부의 회복을 시도했을 수도 있지만, 신라가 미호천 유역을 내주었다는 기록은 보이지 않는다. 649년에는 김유신이 백제군과 싸우는 과정에 도살성을 잠시 이용하기도 했다. 삼국의 군사력이 첨예하게 대치하던 공간을 확보한 신라는 영토 경쟁을 주도하게 되었다. 특히 남한강 상류의 고구려군을 소백산맥의 죽령과 미호천 방면에서 동시에 압박하는 전략적 효과를 거두게 되었다.

대가야를 정복한 노장군

신라는 이사부가 도살성과 금현성을 함락한 550년에 단양 일대와 국원성_{충주}도 차지한 것으로 보인다. 이때 충성을 바친 지역민들을 추모하기 위해 신라가 세운 단양 적성비가 그 증거다. 비를 세우라는 명령은 진흥왕이 내렸지만, 이를 위한 회의는 이사부가 주재했다. 그가 두 성을 함락한 뒤 경주로 돌아가 국정을 총괄한 것이다. 이듬해에 진흥왕이 낭성_{충주}에 행차했다. 이곳에 있던 하림궁에서 왕이 우륵_{于勒}의 가야금 연주를 들을 만큼 남한강 상류에 대한 신라의 지배가 안정되었다. 이 주변에서 전공을 크게 세운 이사부가 이 행차에도 참여했을 가능성이 크다.

480년대에 태어난 이사부가 어느덧 노인이 되었다. 560년대에는 적어도 70대에 접어들었을 테니, 전장을 누비기는 어려운 나이다. 하지만 대가야의 상황이 급박하게 돌아가면서 신라가 다시 그를 불렀다. 왕과 신라 왕족 여성의 혼인이 문제를 일으킨 이래 신라와 긴장 관계에 있던 대가야가 6세기 중엽에는 우륵이 신라로 망명할 만큼 세력이 위축되었다. 그리고 이런 약점을 백제에 의지해 극복하려고 했다. 관산성 전투에서 백제를 도운 것이 이를 말해 준다. 그런데 원래 백제가 우세하던 이 전투에서 성왕이 전사하고 신라가 크게 이겼다. 백제가 대가야를 도울 처지가 아닌 것이다. 이에 신라가 대가야에 도설지왕道設智王을 새 왕으로 즉위시킬 만큼 영향력을 강화했다. 하지만 신라의 간섭이 심해지자 도설지왕이 반발했고, 신라가 이를 반란으로 받아들였다.

결국 이사부가 다시 원정에 나섰다. 나이 든 그가 직접 싸우는 대신 내세운 젊은 부장副將 사다함斯多含이 기병 5000명을 이끌고 대가야 도성의 전단문을 급습했다. 성문 돌파에 성공한 사다함이 흰 깃발을 세우자, 성안에 있던 대가야 사람들이 어쩔 줄 몰라 우왕좌왕했다. 이때 이사부가 군사들을 이끌고 도착하자, 대가야 사람들이 일제히 항복했다. 대가야가 중심에 있던 연맹에 속한 가야 소국들도 같은 길을 걸을 수밖에 없었다.

대가야의 지산동 고분군과 주산성
왕릉전시관(왼쪽)과 대가야박물관 뒤쪽으로 대가야 지배층의 고분들이 펼쳐져 있다. 고분군 뒤쪽 산 정상부에는 대가야를 지키던 주산성이 자리한다.

신라는 대가야를 정복하면서 소백산맥 동쪽과 낙동강 서쪽 사이를 모두 차지하게 되었다. 젊은 시절 낙동강 하구를 돌파한 이사부가 가야 정복을 완수한 것이다. 신라의 가야 정복은 이사부의 손에서 시작되고 끝났다. 이사부의 대가야 정복은 삼국 간 경쟁에도 의미가 컸다. 후방의 가야와 대치하면서 백제, 고구려와도 경쟁하던 신라가 후방의 안정과 함께 백제, 고구려와 경쟁하는 데 집중할 수 있게 되었다. 이런 면에서 이사부는 삼국 통일의 밑돌을 놓은 셈이다.

이사부는 남쪽의 가야 지역에서 시작해 북쪽의 하슬라와 우산국, 서북쪽의 미호천 유역에 이르기까지 광대한 영토를 확보하고 안정시켰다. 젊은 시절부터 노년에 이르기까지 그는 신라의 성장과 발전을 위해 헌신했다. 신라는 그가 확보한 영토를 잃은 적이 거의 없고, 이것이 신라가 삼국을 통일하는 바탕이 되었다. 물론 신라가 천년 왕국으로 도약하는 데도 밑거름이 되었다.

2장

통일 왕국의 절정

6

진흥왕, 삼국 통일의 밑돌을 놓다

한반도의 허리를 차지하다

삼국의 경쟁에서 결정적인 무대는 한강이었다. 한강은 한반도의 허리에 있을 뿐만 아니라 유역 면적이 가장 넓다. 주변의 농경지도 넓어서 경제적 가치도 컸다. 따라서 한강을 차지한 나라가 경쟁의 주도권을 차지했다. 일찍이 한강 유역에서 개국한 백제가 4세기에 전성기를 누렸고, 5세기에는 고구려가 이곳으로 진출해 동북아시아의 패자로 군림했다.

신라는 5세기 초에 고구려에게 낙동강 상류의 일부를 내주었다가 5세기 말에 회복했다. 이때부터 소백산맥을 사이에 두고 남한강 상류의 고구려군과 대치했는데, 상대적으로 열세였던 신라는 고구려군을 밀어붙이기보다 소백산맥 남쪽을 방어하는 데 치중했다. 그리고 소백산맥 서북쪽의 금강 상류로 진출해 고구려군의 좌우에서 방비를 강화하는 효과를 거두었다. 5세기 말부터 6세기 초에는 신라가 단양과 영월의 산간 지대까지 차지한 것으로 보인다. 당시 이 지역에서 쓰인 신라계 토기가 이를 증명한다.

진흥왕이 즉위한 540년에 신라는 상승세를 타고 있었다. 진흥왕의 외할아버지이자 큰아버지인 법흥왕이 금관국을 흡수하고 고대국가의 초석을 다져 놓았기 때문이다. 진흥왕이 일곱 살이라는 어린 나이에 즉위한 만큼 왕권이 불안해질 수 있었지만, 어머니인 지소부인只召夫人이 박씨 집단과 힘을 모아 잘 지켜 주었으며 이사부도 든든한 울타리가 되었다.

550년 3월, 이사부가 청주·증평 일대의 미호천 유역을 점령하면서 신라는 남한강 유역의 음성·충주를 넘보게 되었다. 여기에는 고구려 내부의 상황이 적지 않게 작용했다. 545년에 고구려의 안원왕安原王이 죽은 뒤, 그 부인들의 집안에서 서로 자기 후손을 왕으로 앉히려고 무력 충돌을 벌여 2000명이나 죽었다. 양원왕陽原王의 즉위로 사태는 일단락되었지만, 혼란의 여운은 쉽게 가시지 않았다. 게다가 북제와 돌궐이 압박해오면서 고구려는 남방의 방비에 집중할 수가 없었다. 진흥왕은 이 기회를 놓치지 않았다. 신라군이 도살성에서 한금령을 넘어 음성, 충주 쪽을 치고 들어갔다. 소백산맥 쪽에서는 죽령을 넘어 단양을 거쳐 내려갔다. 이렇게 해서 550년이 저물기 전에 신라가 충주와 단양을 손에 넣었다. 소백산맥 이북의 남한강 상류를 장악한 것이다. 이 작전을 이사부가 지휘했는지는 알 수 없지만, 도살성에서 확보한 고구려군에 대한 정보를 적극적으로 활용했을 것이다. 신라가 남한강 유역을 지배하는 데는 지역

사람들의 협조도 필요했다. 단양 신라적성비를 보면, 신라에 충성을 바치다 희생한 야이차也尓次 같은 지역민이 등장한다. 신라는 이들을 추모하면서 노역과 세금에서 우대할 것이라고 발표했다. 적성은 풍기에서 단양으로 넘어가는 죽령을 지키는 요새였다. 이 지역 사람들의 협조를 이끌어 내는 것이 절실한 만큼 경제적 뒷받침을 위해 전사법도 만들었다. 적성의 경작지에서 나는 곡식을 고스란히 이 지역의 운영에 쓰도록 한 것이다.

이듬해 정월에는 진흥왕이 법흥왕 대부터 쓰인 연호 건원을 개국開國으로 바꿨다. 남한강 유역 진출을 계기로 새로운 차원의 나라를 열겠다는 포부를 밝힌 것이다. 3월에는 신하들을 이끌고 낭성으로 행차했다.

단양 신라적성비
신라가 적어도 550년까지는 풍기에서 죽령을 넘어 남한강 상류의 단양 일대로 진출했음을 보여 주는 비석이다.

이곳에 대한 지배가 그만큼 빠르게 안정되었다. 진흥왕은 남한강변의 하림궁에 머물면서 신라의 발전상을 체감했다. 이때 진흥왕이 대가야에서 망명한 우륵에 관해 들었다. 우륵이 제자 이문尼文과 진흥왕 앞에서 가야금을 연주하기도 했다. 일찍이 대가야의 힘을 과시하는 노래를 지어 가실왕嘉悉王에게 바친 우륵이, 노래의 내용과 반대로 대가야의 국운이 기울자 신라에 망명했다. 이런 인물의 음악을 남한강변에서 들으면서 진흥왕은 신라의 발전상과 자신의 업적을 과시했다.

하지만 진흥왕의 충주[1] 행차가 과시나 유람으로 끝난 것은 아니다. 왕의 원거리 행차에는 상당한 경제적 부담과 위험이 뒤따랐기 때문이다. 이를 감수하고 하림궁에 간 데는 신라가 장기적으로 더욱 발전할 방법을 구상한다는 목적이 있었다. 남한강변의 수려한 풍광을 바라보는 진흥왕의 머리에는 여러 생각이 떠올랐을 것이다. 남한강에서 더 치고 올라가면 북한강이다. 이를 한꺼번에 차지한다면 벅찬 일이다. 이때 진흥왕의 머리에 백제가 떠올랐다. 고구려가 상대적으로 위축되었을 때 두 나라가 힘을 합친다면 더 전진할 수 있다는 생각이 들었을 것이다. 백제는 475년에 고구려에게 빼앗긴 한강 유역을 6세기 초에는 상당히 회복했다가 529년에 고구려의 공격으로 적잖이 다시 잃었다. 정확한 전선은 알 수 없지만, 6세기 초부터 한강을 경계로 고구려와 대치한 것으로 보인다. 백제로서는 고구려에 빼앗긴 땅을 되찾는 것이 절체절명

---

1 낭성이라는 지명이 청주에 있지만, 청주의 미호천이나 무심천 일대에서는 하림궁에 어울릴 만한 장소를 찾기 어렵다. 따라서 남한강변의 충주가 하림궁이 있던 곳으로 더 어울린다고 본다.

의 과제였다. 이런 상황이 서로 부합하면서 신라와 백제가 동시에 고구려 남쪽을 공격하기로 약속했다. 계획은 진흥왕이 하림궁에서 복귀하고 얼마 안 돼 행동으로 옮겨졌다. 공격을 선도한 쪽은 백제로, 풍납토성 북쪽의 아차산 이북 여섯 군郡을 되찾았다. 임진강 이남, 한강 이북의 땅을 대부분 회복한 것이다.

진흥왕은 백제군의 움직임을 확인한 뒤 대규모 군대를 파견했다. 거칠부와 구진仇珍, 비태比台, 탐지耽知, 비서非西, 노부奴夫, 서력부西力夫, 비차부比次夫, 미진부未珍夫 등 여덟 장군이 남한강 상류로 향했다. 이들은 죽령을 넘어 거침없이 진군했다. 고현高峴 남쪽의 10군이 신라의 수중으로 들어왔다. 그중 강원도 회양과 함경남도 안변을 연결하는 고개, 철령이 있다. 신라가 북한강 유역을 일거에 확보한 것이다. 한 해 앞서 남한강 유역을 확보한 데 이어 크나큰 성과였다.

남한강과 북한강을 모두 확보한 신라의 시선은 한강 본류를 향했다. 충주에서 한강 본류는 평지로 연결되어 이동이 쉬운 편이었다. 그래서 임진왜란 때 왜군이 충주를 점령하자마자 선조宣祖가 비 내리는 밤에 한양을 버리고 의주로 향한 것이다. 553년 7월, 신라가 남한강에서 한성에 이르는 백제의 동북쪽 변경을 빼앗았다. 백제가 회복한 한강 하류를 신라가 공격하는 것은 백제가 예상하지 못한 상황이다. 신라가 계획한 갑작스러운 작전에 백제가 제대로 대응하기란 사실상 불가능했다. 결국 신라가 한강 유역의 하남 이성산성에 신주新州를 설치했다. 낙동강 상류의 상주上州, 낙동강 하류의 하주下州, 동해안의 실직주 외에 새로운 주를 세웠다고 강조한 것이다. 신주의 설치는 한강 유역을 신라의 영토로 정착시키기 위한 조치였다. 이곳의 군주는 구해왕의 아들, 무력이 맡았다.

한강 유역을 잃고 다급해진 백제의 성왕은 같은 해 10월에 공주를 진흥왕에게 시집보냈다. 진흥왕에게 이미 왕비가 있었기 때문에 성왕으로서는 적잖은 수치였지만, 정식 왕비 자리를 기대할 만한 상황이 아니었다. 성왕은 시간을 벌면서 신라의 추이를 지켜보려 한 것이다. 하지만 시간이 흐를수록 한강 유역은 신라의 땅으로 굳어졌다. 신라에 대한 백제의 원한은 점점 더 깊어졌다.

관산성 전투에서 백제 성왕을 처단하다

백제에게 한강 유역의 회복은 475년부터 70여 년 동안 벼른 일대 과업이다. 그런데 성왕이 손에 넣은 성과물이 진흥왕의 배신으로 신기루처럼 사라졌다. 하지만 한강 하류는 어떤 희생을 치르고라도 회복해야 하는 땅이기 때문에 포기할 수 없었다. 성왕은 진흥왕을 향한 복수의 칼을 갈았다. 553년 말부터 성왕이 신라 공격을 준비했다. 군사와 물자를 거국적으로 준비하며 공격 계획을 세우기 시작했다. 우선 왜에 사신을 보내 군사 지원을 요청했다. 『니혼쇼키』에서는 그 시기가 553년 1월이라지만, 앞뒤 상황을 보면 이해 말부터일 것이다. 백제는 이미 404년에 왜와 협조해 고구려의 황해도 일대를 공격했다. 당시 왜군이 고구려군에 궤멸되었지만, 백제와 왜의 끈끈한 관계는 유지되었다. 백제의 거듭된 요청에 왜가 군사 1000명에 말 100필, 배 40척을 보내 주었다.

한편 신라는 백제와 대치하며 긴장이 높아지자 554년 7월에 명활산성을 고쳐 쌓았다. 이 성은 유사시 왕과 대신들이 피난하기 위해 경주의 동쪽에 쌓은 산성이다. 이렇게 수도가 위급할 수도 있는 상황에 대비한 만큼 백제와 맞닿은 지역에 대한 방비도 뒤따랐을 것이다. 신라가 고구려에 손을 내밀었다. 고구려의 땅을 빼앗기도 했지만, 백제와 대결하려면 고구려를 끌어들이는 편이 유리했기 때문이다. 고구려는 죽령 이북을 빼앗은 신라에 사무친 원한을 품고 있었지만, 북제와 돌궐의 위협에 대처하는 게 급한 상황에서 후방의 신라와 대결할 순 없었다. 각자 처한 상황이 맞아떨어지면서 신라와 고구려가 우호 관계를 맺을 수 있었다. 신라는 백제가 왜에 도움을 요청할 가능성도 염두에 두었다. 백제의 사신이 왜로 가려면 가야의 남쪽 해안을 거쳐야 했는데, 그 길목에서 멀지 않은 안라국이 신라의 압박에 직면해 온 만큼 백제 및 왜와 관계를 맺는데 적극적이었다. 따라서 신라는 안라국이 백제를 돕지 못하도록 군사적 압박과 외교적 수단을 최대한 동원했다. 결국 이런 노력이 백제에 대한 왜의 지원을 막지는 못했어도 그 규모를 줄이는 데는 다소 도움이 된 것 같다.

554년 말부터 백제가 신라에 대한 공격을 구체화했다. 성왕의 아들인 여창餘昌이 적극적으로 나섰다. 신하들은 아직 하늘의 도움을 받을 상황이 아니라면서 반대했지만, 성왕과 여창의 의지를 꺾을 순 없었다. 성왕, 여창과 장관급인 좌평 여러 명이 4만이 넘는 병력을 이끌고 사비를 출발했다. 백제를 지원하기 위해 왜군과 대가야군도 뒤를 따랐다. 대전을 지나 탄현옥천 식장산 마도령을 넘은 백제군이 관산성옥천에 이르렀다. 백제가 대대적으로 공격한다는 소식을 접한 신라는 사벌주 군주인 각간 우덕于德과 이찬 탐지를 보내 맞섰다. 각간은 신라의 최고 관등인 이벌찬이니, 일반 군주보다 몇 단계나 높다. 이찬은 두 번째로 높은 관등이다. 신라가 백제의 공격을 중대한 위기로 여기고 사벌주 휘하 군단과 중앙군을 급파한 것을 알 수 있다.

관산성은 주변에 자성子城을 많이 거느리고 있었다. 그 주변에 주둔지를 구축한 백제군이 대대적으로 공격을 퍼부었다. 신라군이 맞섰지만 수적인 열세를 극복하지 못했다. 전세가 신라에 불리하게 전개되며 관산성 일대의 성들이 대부분 백제군의 손에 들어갔다. 이런 상황에 신라 신주의 군주 무력이 자신의 군단을 이끌고 급히 달려왔다. 이때 후방에서 지휘하던 성왕이 여창의 노고를 위로하려고 50여 명의 경호병만 이끌고 출발했는데, 무력의 비장神將으로 활동하던 도도都刀가 군사를 이끌고 매복하다 성왕을 생포했다. 그리고 비천한 자에게 죽임당할 순 없다며 하늘을 우러러 탄식한 성왕의 목을 베었다. 왕을 잃은 백제군은 지리멸렬에 빠지고, 여창도 포위당해 목숨이 위태로웠다. 왜에서 온 사수가 신라 기병을 여럿 떨어뜨리고 나서야 포위망을 뚫고 샛길로 도망칠 수 있었다. 신라군은 백제군을 신속하게 섬멸했다. 백제군의 저항 의지가 아예 꺾인 것을 확인한 뒤에야 살육을 멈췄다. 백제의 좌평 네 명과 군사 2만 9600명이 죽었으며 말 한 마리도 돌아가지 못했다.

성왕이 군사 수만 명을 동원해 직접 원정에 나설 때는 관산성 하나만을 목표로 삼지는 않았다. 성왕이 동원한 군대의 규모는 변경의 분쟁을 해결하는 차원이 아니라 국운을 건 싸움에 걸맞은 것이었다. 백제군이 관산성을 손에 넣으면 영동, 추풍령과 김천, 대구를 거쳐 경주까지 위협할 수도 있었다. 성왕이 경주까지 함락할 계획을 세웠는지는 알 수 없지만, 최소한 추풍령을 넘어 낙동강 유역에 백제의 거점을 확보하려고 했을 것이다. 이 원대한 계획이 물거품이 되었다.

신라군은 성왕의 두개골을 수습해 경주로 가져갔다. 그러고는 정청政廳인 남당의 계단 밑에 묻었다. 관리들이 수시로 오르내리면서 짓밟으라는 것이었다. 왕의 두개골이 신라에게 최고의 전리품이 되었으니, 백제로서는 크나큰 치욕이었다. 성왕의 나머지 뼈는 백제에 보내졌다. 아버지의 유골을 받은 여창의 마음은 세상을 다 잃어버린 듯 참담했을 것이다.

관산성 전투의 승리로 신라가 금강 상류에서 옥천 일대를 확고히 지켰다. 이보다 더 큰 성과는 백제에게서 빼앗은 한강 유역을 신라의 영토로 확정지었다는 것이다. 그 뒤 백제는 한강 유역을 되찾기 위한 시도조차 하기 어려웠다. 신라가 이미 동해안의 하슬라 이북으로 올라간 상황에서 한반도 중부의 허리를 온전히 차지한 것은 고구려와 백제의 연결을 차단하는 효과를 가져왔다.

한강 유역의 확보는 외교적인 면에서도 의미가 컸다. 신라는 원래 한반도의 동남쪽에 치우쳐 있어서 중국과 외교하는 데 불리했다. 내물왕 대 전진과의 외교는 고구려의 도움을 받아야 했고, 법흥왕 대 양梁과의 외교는 백제의 중개를 거쳐야 했다. 그런데 한강 유역을 온전히 차지함으로써 중국과 독자적인 외교를 할 수 있게 되었고, 실제로 진흥왕이 북제 및 진陳과 적극적으로 교류했다. 이 왕조들은 6세기를 다 지나기

전에 없어졌지만, 신라는 이들과 교섭하며 나중에 수隋·당唐과 교류하는 데 중요한 경험을 쌓았다. 신라가 삼국을 통일하는 바탕에도 한강 유역을 통한 외교가 있었다.

끝으로, 대가야는 관산성 전투에서 백제군을 도왔다. 백제가 승리할 경우 신라에 대항하는 데 도움이 된다고 판단했기 때문이다. 하지만 백제군이 대패하면서 가실왕이 왕위까지 내려놓아야 했고, 그를 이어 즉위한 도설지왕은 신라의 간섭을 감내해야 했다. 관산성 전투의 승리는 신라가 가야 지역에 대한 영향력을 확대하는 데도 큰 도움이 된 것이다.

하늘과 땅에 과시한 진흥왕 순수비

553년에 진흥왕이 한강 유역을 통째로 장악한 것은 신라의 성장뿐만 아니라 삼국의 경쟁에서도 기념비적인 사건이었다. 어린 나이로 즉위해 왕좌마저 불안하던 그가 즉위 14년차를 맞아 성숙한 어른으로서 나라를 확실하게 통치할 자신이 생겼다. 이 자신감은 사실 551년 하림궁 행차 때부터 있었다. 그는 이제 새로운 차원에서 자신의 위상을 내세우고 싶었고, 이를 실천에 옮긴 것이 변경 지역에 대한 순수다. 순수는 원래 왕이 지방을 돌아다니면서 사냥하는 것이다. 중국에서는 원래 천자가 제후들의 땅을 다니면서 사냥을 하고 지역에 대한 지배권을 확인했다. 진흥왕도 하림궁 행차를 통해 남한강 유역에 대한 지배를 확인할 뿐만 아니라 향후 한강 유역의 영토 확장을 고민했다. 목표를 이룬 그가 신라

북한산 진흥왕 순수비
글자가 보이지 않아 무학대사비나 몰자비沒字碑로 불렸는데, 김정희金正喜가 진흥왕 순수비임을 확인했다.
이 비는 복제품으로, 진품은 국립중앙박물관에서 전시 중이다.

의 새로운 성장을 추구한 것이다.

555년 늦은 가을, 진흥왕이 북한산으로 순수를 떠났다. 하림궁에 행
차한 경험을 되살려 문경에서 이화령을 넘어 충주를 지났을 것이다. 이
곳에서 남천을 지나 오늘날 풍납토성 일대인 한성에 이르렀다. 한성은
원래 백제의 수도인데, 475년에 고구려가 차지했으며 6세기 초부터는
백제와 고구려의 변경이었다. 그리고 553년부터는 신라의 거점이었다.
백제의 옛 왕성을 둘러보는 진흥왕은 벅차오르면서도 착잡한 마음이
들었을 것이다.

북한산 비봉에서 진흥왕이 천신에게 제사를 지냈다. 중국 황제들이
태산에 올라 하늘과 산천에 제사 지내는 봉선封禪을 통해 자신이 세상

최고의 지배자임을 과시한 것처럼 진흥왕도 제사를 지내면서 자신이 하늘 아래 최고의 왕임을 천신과 지신에게 고했다. 순수비에서도 자신이 태왕으로서 패주覇主임을 강조했다. 태왕은 법흥왕 대부터 쓴 호칭이고, 패주는 천하의 나라들을 선도하는 지배자를 뜻한다. 패권의 대상은 고구려와 백제다. 진흥왕이 삼국의 패자가 되었다고 선언한 것이다.

한강 유역 사람들에게는 진흥왕의 순수가 부담스러웠을 수도 있다. 이들은 지배자가 백제에서 고구려로, 다시 신라로 바뀌는 과정에 처신하기 어려운 점이 많았기 때문이다. 그런데 진흥왕이 이들의 마음을 달래고 노고를 위로했다. 신라에 충성을 바치고 신의를 지킨다면 누구든지 상을 내릴 것이라고 선언했다. 단양 적성비에도 밝힌 신라 정부의 방침이다. 순수에서 돌아오는 길에 진흥왕은 북한산에서 한 약속을 지켰다. 왕이 지난 지역의 세금을 1년간 면제해 주고, 극형에 처할 죄가 아니라면 모두 사면한 것이다.

당시 신라는 가야 지역에 대한 압박도 강화하고 있었다. 관산성 전투 직후 즉위한 대가야의 도설지왕에 대한 간섭이 점점 심해졌다. 그가 신라의 영향력으로 즉위했기 때문이다. 560년 무렵에는 안라국도 신라의 손에 들어갔다. 경남 서부의 소국들만 백제와 신라의 틈바구니에서 간신히 명맥을 잇는 상황인데, 진흥왕이 이 방면으로 밀고 들어가겠다는 의지를 다졌다. 이를 위해 추진한 것이 비자벌昌寧 순수다.

561년에 진흥왕이 고위급 대신들을 거의 다 이끌고 비자벌로 떠났다. 상대등과 갈문왕이 함께했다. 무력과 거칠부를 비롯해 수많은 관리들이 뒤를 따랐다. 경주에서 비교적 가까웠기 때문에 가능한 일이었다. 신

창녕 진흥왕 순수비
원래 목마산성 앞에 있던 것을 일제강점기에 지금 위치로 옮겼다.

라의 사방을 지키는 비자벌, 한성, 비리성^{안변}, 감문^{김천}의 군주도 모였다. 요즘으로 치면 국무회의와 지역 사령관 회의가 한꺼번에 열린 셈이다. 진흥왕과 신하들이 창녕 동쪽의 목마산성에 올랐다. 서쪽 아래로 옛 비화국 땅이 보였다. 산성에서 가까운 교동 일대는 그 지배층이 살던 터전이고, 신라에 복속한 뒤에도 그들의 무덤이 만들어졌다. 진흥왕이 이곳을 차지한 기념으로 행차한 것은 아니다. 비화국은 적어도 5세기 또는 그 전에 신라에 편입되었기 때문이다. 그의 관심은 서쪽 멀리에서 흐르는 낙동강 너머에 있었다. 그 서쪽에는 다라국^{합천}을 비롯한 가야 소국들이 여전히 버티고 있었기 때문이다.

진흥왕은 자신이 어려서 왕위에 올랐지만 훌륭한 신하들의 보필을 받아 사방의 토지와 백성을 잘 다스리게 되었다고 운을 뗐다. 지역 군주와 그 휘하 지방관, 촌주 들의 구실도 잊지 않았다. 그들 덕에 온 나라의 토지와 산림과 하천을 잘 다스리게 되었다고 밝혔다. 북한산 순수에서는 하늘에 초점을 맞췄지만, 이곳에서는 토지와 백성을 강조했다. 이것은 비자벌뿐만 아니라 주변 일대를 모두 신라의 영토로 삼겠다는 선언이었다. 낙동강 서쪽의 가야 소국들을 손에 넣겠다는 선전포고와 같았다. 이런 내용을 담은 순수비가 목마산성 아래에 세워졌다. 그리고 진흥왕의 선언은 현실이 되었다. 이듬해에 반란을 이유로 대가야를 정복하고, 거의 동시에 다라국을 비롯한 나머지 가야 소국을 모두 손에 넣었다. 낙동강 유역 전체를 영토로 확보한 것이다.

이제 진흥왕이 동해안 북부로 눈을 돌렸다. 신라군은 한강 유역을 차지한 553년 무렵부터 동해안을 따라 북상하고 있었다. 한강 유역까지 내준 고구려는 백두대간 동쪽의 동예 일대에 대한 방비도 소홀해, 한성을 장악한 신라가 의정부·연천과 추가령 구조곡을 통해서도 동예 방면을 압박할 수 있었다. 얼마 안 가 동예 일대가 신라의 영토로 편입되었다. 여기서 더 나아가 영흥을 차지하고, 동옥저의 중심이던 함흥 일대까지 손에 넣었다. 한강 유역의 장악에 이은 대사건이다.

556년 7월, 신라가 안변에 비열홀주를 세우고 성종成宗을 군주로 삼았다. 비열홀은 동예의 중심지로서 동옥저와 하슬라와 한성을 연결하는 요충지였다. 따라서 비열홀주의 설치는 동예와 동옥저 지역을 확고하게 다스리겠다는 선언이었다. 창녕 지역을 순수한 뒤 진흥왕은 동예와 동옥저 방면에서도 영토를 과시할 생각을 품었다. 568년 초가을에 경주에서 출발한 진흥왕이 동해안을 따라 북상하며 비열홀을 지났다. 음력 8월 21일에는 함경남도 함흥 황초령에 이르렀다. 이곳은 압록강의 지류인 장진강과 함흥의 오로촌천이 갈라지는 고개다. 함흥에서 개마고원의 장진, 강계를 거쳐 고구려의 국내성으로 통하는 관문이기도 했다. 진흥왕이 이곳에 간 것도 동옥저까지 신라의 땅이 되었다고 고구려에 선포하는 의미가 있다. 그의 뒤에는 거칠부와 무력 등 관리 수십 명이 있었다. 궁중 사무 담당자와 지역민들까지 동반했다. 이 지역을 확고하게 지배하겠다는 선언이며 주변 지역 세력과 백성에 대한 협조 요청이다.

이때 진흥왕을 따른 무리에 승려인 법장法藏과 혜인慧忍을 비롯해 점을 치는 사람과 약사도 있었다. 진흥왕이 이 순수와 관련해 부처와 하늘의 축복을 모두 바란 것이다. 그리고 약의 제조는 물론 왕의 건강을 위한 것이지만, 다른 의미도 있었다. 신라의 적석목곽분에서 약재를 곱게 가는 도구와 함께 주사朱沙라는 붉은 돌가루가 발견되었다. 이것이 사악한 귀신을 쫓을 뿐만 아니라 죽은 자가 이승에서 영원히 살기를 기원하는 선약仙藥이었다. 2020년에 조사된 경주 쪽샘지구 44호분처럼 돌무지 주위에 주사로 추정되는 붉은색 안료를 뿌린 경우도 있다. 성분은 조금씩 달라도 기능은 비슷했다. 진흥왕의 순수에 점치는 사람과 약사가 동행한 것은 진흥왕의 영광과 신라의 발전이 영원하기를 기원했다는 뜻이다.

황초령 순수비에 따르면, 진흥왕이 자신을 태왕이자 짐이라고 했다. 짐은 황제가 자신을 가리키는 표현으로, 황제의 위상에 대한 자부가 보인다. 자신이 하늘의 은혜를 입어 새 세상을 열었고, 천신과 지신이 도와 사방의 영토를 개척했다고 강조했다. 주변 나라들도 신의를 맹세하고 우호 관계를 요청해 신라의 위상이 크게 높아졌다면서 자신은 기존 백성과 새로운 백성을 가리지 않고 왕의 도리를 다해 덕을 베풀겠다고 했다. 북한산 순수에서 밝힌 내용보다 수준을 한 단계 높인 선언이다.

진흥왕 일행은 다시 동해안을 따라 북청을 지나 함경남도 이원의 운시산 꼭대기에 도착했다. 그 옆에는 동옥저와 북옥저를 가르는 마운령이 있고, 그 너머는 삼국의 경쟁과 거리가 먼 낯선 공간이었다. 진흥왕으로서는 북방에서 차지할 수 있는 최대치를 확보했다고 바깥세상에 선포했다. 마운령에도 황초령의 것과 유사한 내용을 새긴 순수비가 세워졌다.

진흥왕은 음력 10월 2일까지 동북 지역 사람들을 위로하고 경주로 귀환했다. 두 달 가까이 경주를 비운 채 2000리가 넘는 길을 거치는 대장정이었다. 이렇게 상당한 위험을 감수하는 결단을 내릴 만큼 진흥왕은 자신 있었다. 그는 신라가 한강 유역과 낙동강 유역에 더해 동옥저 일대까지 장악했다는 것을 순수를 통해 온 세상에 알렸다. 삼국 간 경쟁에서 신라가 사실상 최종적으로 승리했음을 만방에 과시한 것이다.

진흥왕이 확보한 영토는 그 뒤 적잖은 변동을 겪는다. 하지만 전략적 가치가 가장 높던 한강 유역은 끝내 신라의 영토로 남았고, 이는 훗날 신라가 삼국 통일을 이루는 데 기반이 되었다. 여러 차례에 걸친 진흥왕의 순수가 일종의 정치 행사였지만, 신라의 발전과 도약을 기약하는 실효적 의례이기도 했다.

7

김춘추와 김유신, 삼국 통일의 문을 열다

두 가문의 만남

신라는 삼국 중에서 가장 늦게 성장했는데도 백제와 고구려를 멸망시켜 통일을 이루었다. 이를 이끈 최고의 주인공은 김춘추金春秋와 김유신이다. 이들은 마치 한 몸처럼 제 몫을 하고, 위기에 빠진 신라를 구해 그 운명을 바꿔 놓았다. 이들의 협조는 그 전 세대부터 두 집안에 드리웠던 어두운 그림자를 거둬 내려는 노력에서 시작되었다.

김춘추의 아버지는 용춘龍春이고, 할아버지는 진지왕眞智王이다. 진지왕은 아버지인 진흥왕에 이어 즉위했지만, 4년 만에 국인國人의 손에 폐위되고 바로 세상을 떠났다. 국인은 나라 사람을 뜻하지만, 실제로는 진지왕의 반대편 세력이다. 진평왕眞平王의 즉위와 함께 갈문왕에 오른 국반國飯과 백반伯飯이 대표적인데, 이들은 진지왕의 형인 동륜銅輪의 아들이다. 진흥왕의 큰아들인 동륜은 원래 태자가 되었지만 일찍 죽어, 진지왕이 즉위했다. 국반과 백반이 삼촌인 진지왕의 즉위를 못마땅하게 여긴 것 같다. 진평왕의 즉위와 함께 상대등 자리에 오른 노리부努里夫도 진지왕을 끌어내는 데 도움을 주었을 것이다. 동륜 계열과 그 추종자들이 진지왕을 폐위한 표면적인 이유는 진지왕의 정치가 어지럽고 음탕했다는 것이다. 정치가 어지러웠다면 반대파가 많았다는 뜻이다. 동륜의 즉위를 기대한 사람들과 진지왕의 즉위를 찬성하는 사람들이 대립하면서 정치가 어지러웠겠지만, 그게 오로지 진지왕의 잘못이라고 볼 순 없다. 진지왕이 음탕했다는 것도 충분한 근거가 없다. 다만 그는 왕비가 있는데도 도화녀桃花女라는 서민 여성을 궁궐로 불러들여 범하려 했다. 남편이 있다는 이유로 그녀가 거부하면서 진지왕이 뜻을 못 이뤘는데, 죽은 뒤에 혼령으로서 도화녀를 임신시키고 비형랑鼻荊郎을 낳았다고 한다. 비형랑이 진평왕에게 벼슬을 받고 귀교鬼橋라는 다리를 신속하게 놓았다고 하니, 진지왕과 도화녀의 관계가 음탕하다는 평가의 이유는 아닌 것 같다. 사실 이 정도 일은 거의 모든 왕이 저질렀다. 결국 진지왕은 그의 즉위를 못마땅하게 여긴 사람들의 손에 쫓겨난 것이다.

진지왕의 아들 용춘은 진평왕이 즉위한 뒤 오랫동안 기록에서 보이지 않는다. 아버지의 폐위나 죽음에 대해 불만을 드러내거나 왕위를 되찾으려 하지 않은 것 같다. 오히려 그는 진평왕에게 충성을 다했다. 진평왕은 54년간이나 재위하면서 왕권을 안정시키고 국가기구를 정비하는 데 힘을 기울였다. 이를 위해 반대 세력을 포용할 필요도 있었다. 그래서 딸 천명天明을 용춘에게 시집보냈고, 재위 44년622에는 사위 용춘을 내성사신으로 삼았다. 내성사신은 신라의 3대 궁궐인 대궁, 양궁, 사량궁의 일을 관장하는 벼슬이었다. 아버지의 아픔을 이겨 내고 충성을 바친 용춘의 노력이 결실을 거둔 순간이다.

용춘이 왕실 사무에만 전념하지는 않았다. 당시 고구려와 백제가 진흥왕에게 잃은 영토를 되찾기 위해 신라를 집중 공격했고, 신라는 이에 맞서 치열하게 싸우고 있었다. 629년에 김서현金舒玄과 대장군이 된 용춘이 고구려의 낭비성浦川을 공격했다. 한탄강 유역에서 한강 유역으로 통하는 길목을 장악해 고구려군을 궁극적으로는 임진강 너머로 밀어내려 한 것이다. 고구려는 한강 유역을 차지할 때 양주와 포천에서 아차산에 이르는 길목과 중랑천 일대의 방비를 강화했다. 이곳이 평양에서 수안, 신계, 임진강을 거쳐 한성으로 통하는 요충지였기 때문이다. 낭비성이 공격당하자 고구려군이 성에서 나와 진을 펴고 적극적으로 대응했다. 하지만 용춘이 이 전투를 승리로 이끌어 진평왕뿐만 아니라 신라 사람들에게 인정받게 되었다.

낭비성 공격에 용춘과 대장군으로 나선 서현은 금관국 구해왕의 손자다. 구해왕은 자발적으로 신라에 항복해 좋은 대우를 받았다. 수백 년 이어 온 나라를 버리고 신라로 들어오는 마음이 편하지는 않았겠지만, 금관국의 왕족들은 신라의 인정을 받는 데 최선을 다했다. 먼저, 구해왕의 셋째 아들 무력이 신라가 한강 유역을 차지하는 데 공을 세우면서 두각을 나타냈다. 신주의 군주로서 한강 유역의 지배를 맡았고, 진흥왕의 순수에 줄곧 얼굴을 내밀었다. 특히 관산성 전투에서 성왕을 처단해 영웅이 된 것은, 금관국 왕족이 신라의 주류 사회로 진입하는 데 결정적인 계기가 되었다.

서현이 바로 무력의 아들인데, 진흥왕의 동생인 숙흘종肅訖宗의 딸 만명萬明과 눈이 맞았다. 그러나 신라 왕족 사회는 근친혼이 관행이라 금관국 계열과 혼인 관계를 맺고 싶지 않았던 숙흘종이 딸을 별채에 가두고 사람을 시켜 지키게 했다. 그런데 갑자기 벼락이 치면서 만명이 창문으로 빠져나가 서현과 만노군萬弩으로 갔다고 한다. 서현이 만노군 태수가 되었는데, 이는 진평왕의 명이었다. 즉 서현과 만명이 만노군으로 간 것은 단순한 도피가 아니라 계획된 일이다. 그리고 두 사람의 결혼 과정에 갈등이 있었지만, 금관국 왕족이 신라 왕족과 결혼할 만큼 성장했다는 것을 알 수 있다. 만노군에서 만명이 황금 갑옷을 입은 어린아이가 구름을 타고 집으로 들어오는 꿈을 꾼 뒤 임신하고 자그마치 20개월 만인 595년에 김유신을 낳았다고 한다. 이는 만노군으로 도망할 때 갑자기 벼락이 떨어졌다는 이야기와 함께 김유신이 삼국 통일의 주역으로 떠오른 뒤에 만들어졌을 것이다.

서현은 낭비성 전투에서 용춘과 나란히 대장군이 될 만큼 백전노장이 되어 있었다. 진평왕의 명령에 따라 오른 자리지만, 두 가문이 오랫동안 인연을 맺은 결과이기도 했다. 진지왕계인 용춘과 금관국계인 서현이 서로 도우며 각자 가문의 위상을 높이려 했다. 용춘은 전투에서 큰 공을 세워 아버지의 명예를 회복하려 했고, 서현은 금관국계의 위상을 왕족으로 끌어올리려 했다. 하지만 전투는 신라군에게 불리하게 돌아갔다. 고구려군이 성에서 나와 진을 치고 신라군을 공격했기 때문이다. 사상자가 늘어나면서 신라군은 사기가 꺾였다. 이때 서현의 아들, 김유신이 나섰다. 부장군이던 그가, 옷깃을 당기면 옷이 펴지고 벼리를 당기면 그물이 펼쳐지듯 전투의 방향을 유리하게 돌려놓는 옷깃이자 벼리가 되겠다고 한 것이다. 그러고는 말을 타고 칼을 들어 적진을 넘나들면서 적장의 머리를 벴다. 이를 본 신라군의 사기가 하늘을 찔러 고구려군 5000여 명의 목을 베고 1000여 명을 사로잡는 대승을 거두었다. 15세에 화랑이 된 김유신이 그로부터 2년 뒤인 611년에 중악의 석굴에 들어가 백제와 고구려로부터 신라를 지키겠다고 하늘에 맹세했다고 한다. 이런 마음가짐으로 오랫동안 준비한 덕에 35세이던 629년에 큰 결실을 본 셈이다.

낭비성 전투의 승리는 용춘과 서현의 위상을 크게 높였고, 두 가문의 유대는 더욱 깊어졌다. 하지만 금관국계인 김유신 가문은 여전히 왕족과 달리 차별을 느끼고 있었다. 김유신은 가문의 위상을 더 높일 계기를 찾으려고 했다. 선덕여왕善德女王 대 어느 날 김유신이 축국이라는 공놀이를 하다가 일부러 김춘추의 옷자락을 밟아 옷이 찢어지게 했다. 이를 꿰매자며 김춘추를 집으로 초대하고는 막내 여동생 문희文姬에게 김춘추의 옷을 꿰매게 했다. 이를 계기로 문희가 김춘추의 아이를 뱄다. 그러자 김유신이 부모 허락도 받지 않고 사고를 친 동생을 태워 죽인다며 불을 피워 선덕여왕과 김춘추의 눈에 띄게 했다. 김유신의 어머니도 비슷한 사고를 낸 걸 떠올려 보면, 유신의 협박은 사실상 문희보다 김춘추를 향하고 있었다. 결국 김춘추가 왕의 권유를 받아들여 문희와 결혼식을 올렸다.

김춘추는 선덕여왕과 마찬가지로 진흥왕의 증손자로, 선덕여왕의 육촌 동생이다. 이런 왕족과 금관국계 여성의 결혼이 당시에는 획기적인 사건이었다. 사실 김춘추는 김유신의 가문과 힘을 모아 자신의 정치력을 키우려고 했다. 왕권이 안정되지 않은 선덕여왕도 이들에게 기대하는 바가 있었다. 631년에 이찬 칠숙柒宿이 일으킨 반란을 간신히 진압하고, 다음 해에 진평왕이 세상을 떠나는 혼란 속에서 즉위했기 때문이다. 선덕여왕은 김춘추와 김유신의 지지를 받는 편이 왕권 안정에 유리하다고 판단했다.

김춘추와 김유신 가문의 인연은 지배층에서 각자 결함을 극복하기 위해 시작되었다. 그리고 세대를 넘어 이어진 노력 끝에 두 사람이 처남과 매부 사이가 되는 결실을 보았다. 이 두 사람의 만남은 가문뿐만 아니라 신라의 운명을 결정하는 중요한 계기가 되었다.

김유신이 압량주 군주로 부임한 이유

관산성 전투에서 성왕을 잃은 백제는 절치부심했다. 신라에게 한강 유역을 잃은 고구려도 이를 되찾기 위해 기회를 노리고 있었다. 7세기 초부터 본격화된 고구려와 백제의 공격이 신라를 궁지로 몰아넣었다.

이미 영양왕嬰陽王 대590~618 초부터 고구려의 온달溫達은 계립령과 죽령 이서의 땅을 회복하겠다는 결연한 의지를 밝히고 아단성단양 온달산성 또는 서울 아차산성을 공격했다. 계립령과 죽령 이서는 한강 유역을 가리킨다. 온달이 전사하면서 신라는 남한강 유역을 지켜낼 수 있었다.

고구려는 603년 8월에 북한산성을 공격했다. 진흥왕 대에 북한산주의 치소가 있던 곳이며 현재 서울시 광진구의 아차산성 일대로 추정된다. 이곳을 잃으면 신라는 한강 하류를 고구려에 통째로 내줄 수밖에 없는 상황이라, 진평왕이 직접 군사 1만을 이끌고 가서 막았다. 경주에서 이동한 거리를 고려하면 적어도 2개월 이상 치열하게 전투가 벌어졌을 것이다. 아단성과 북한산성의 전투에서 한강 유역을 지켜낸 신라는 낭비성 전투에서도 승리해 이 지역을 비교적 안전하게 유지할 수 있었다. 하지만 608년 2월 신라 북쪽 변경에 침입해 신라인 8000명을 잡아간 것처럼 고구려의 위협은 계속되었다.

백제의 공격은 성왕의 아들인 위덕왕威德王 대부터 시작되었다. 그러나 561년과 577년에 신라의 서쪽 변경을 공격하고 번번이 격퇴당했다. 600년에 즉위한 무왕武王도 적극적으로 신라공격에 나서, 602년에 아막성남원 운봉을 포위했다. 이때 신라가 장군 건품乾品과 기병 수천을 보내 격퇴했지만 희생도 컸다. 귀환하는 신라군을 진평왕이 경주 서쪽 교외까지 나가 환영한 것은, 아막성이 뚫리면 낙동강의 지류인 황강 유역의 옛 가야 지역이 통째로 위험질 수 있었기 때문이다. 611년에는 백제가 가잠성을 100일 동안이나 공격한 끝에 함락했고, 신라가 이를 되찾는 데는 적어도 7년 넘는 세월이 필요했다. 624년에 백제가 다시 아막성을 공격해 함락하고 남강 상류의 함양, 산청 일대를 공격했다. 신라는 대야주합천와 일선주선산의 군대를 동원해 총력 지원에 나섰으나, 큰 희생만 치르고 속함성함양·기잠성합천 대병·용책성산청 단성을 내주고 말았다. 636년에는 백제군이 옥문곡합천과 독산성 일대까지 공격했다. 대야성이 있는 황강 유역을 위협당했다는 점에서 신라에게는 큰 위기였다.

그런데 642년이야말로 신라에게 악몽의 해였다. 7월에 백제의 의자왕義慈王이 신라의 서쪽 40여 성을 쳐서 빼앗았다. 당시 피탈 범위가 거창, 합천, 의령, 고령, 칠곡에 걸친 것으로 추정된다. 8월에는 장군 윤충允忠이 군사 1만으로 대야성을 공격해 점령했다. 신라가 대가야를 점령한 뒤 가야 지역을 다스리기 위해 설치한 대야주의 치소가 백제로 넘어간 것이다. 낙동강을 향해 동쪽으로 흐르는 황강 유역이 모두 백제의 영토로 넘어갔다. 백제군이 합천에서 낙동강을 건너면 청도나 대구 방면으로 경주를 직접 위협할 수 있게 되었다. 신라는 진흥왕이 확보한 대가야를 잃은 데다 수도의 안전이 위태로워졌다. 같은 달에 더 심각한 사태까지 벌어졌다. 고구려군과 백제군이 연합해 당항성華城 서신을 점령한 것이다. 당항성은 신라가 당과 직접 교류하던 전략적 요충지였다. 고구려와 백제는 신라가 위축된 틈을 이용해 당과 신라의 연결을 끊으려고 한 것이다. 신라가 당에 구원을 요청하고 나서야 두 나라의 군대가 당항성에서 철수했다.

백제가 고구려와 연합해 신라를 압박하고 경주로 통하는 길목까지 위협하면서, 신라는 진흥왕 대에 확보한 주도권을 잃고 생존까지 위급해졌다. 이에 대응하기 위해 김유신이 압량주경산 군주로 부임했다. 선덕여왕의 즉위에 큰 몫을 한 그의 위상은 일개 군주와 비길 수 없었다. 군주는 금관국이 신라에 항복할 때 구해왕과 함께한 무력에게나 어울리는 자리였다. 하지만 김유신이 지방관으로 나서야 할 만큼 신라가 위태로웠다. 김유신과 김춘추에게 새로운 선택을 강요하는 상황이었다.

외교 전략가 김춘추의 큰 그림

대야성 전투의 패배는 김춘추에게 특히 크나큰 불행이었다. 딸 고타소古陀炤가 대야주 도독으로 있던 남편 김품석金品釋과 죽었기 때문이다. 이 소식을 들은 김춘추는 집의 기둥에 기댄 채 온종일 눈도 깜박이지 않았으며 사람이 앞을 지나가도 알아보지 못할 정도였다. 이렇게 개인적 원한이 큰 김춘추로서는 이 문제에 정치 인생이 걸려 있었다. 선덕여왕에게 아들이 없는 상황에서 김춘추는 향후 왕위를 계승할 가능성도 염두에 두어야 했다. 그 가능성을 높이려면 이 난국을 돌파하는 것이 무엇보다도 중요했다.

백제의 전진으로 낙동강 선이 위태로워진 상황은 김춘추뿐만 아니라 김유신에게도 위기였다. 이들은 631년에 칠숙과 석품石品의 반란을 진압하고 이듬해에 선덕여왕을 추대했다. 진평왕에게 아들이 없는 상황에서 칠숙과 석품은 다른 왕족이 왕위를 이어야 한다고 주장한 것 같다. 선덕여왕의 즉위로 김춘추와 김유신은 사실상 정권을 주도하기 시작했다. 하지만 백제에게 넓은 영토를 빼앗기고 고구려에게 압박을 당하면서 이들의 위상이 타격을 받았다. 선덕여왕을 무력으로 뒷받침하던 김유신에게 책임을 물을 수도 있었다. 두 사람은 자신을 위해서든, 나라를 위해서든 대책이 필요했다.

신라를 심각하게 위협한 쪽은 백제다. 고구려도 신라를 압박했지만, 문제가 되는 공간은 대체로 한강 선에 머물렀다. 사실 백제와 고구려도 오랫동안 원수지간이었고, 당항성 전투에서 두 나라가 손잡은 것이 오히려 이례적인 사건이었다. 이에 김춘추는 고구려를 끌어들여 백제를 견제하는 것이 급선무라고 판단했다. 최소한 고구려와 백제의 동맹이 얼마나 지속될지 파악할 필요도 있었다. 이런 생각을 김유신에게 말하자, 그는 적국에 들어가는 위험성을 크게 염려했다. 하지만 김춘추는 60일 안에 돌아오지 않으면 자신에게 변고가 생긴 줄 알라며 결연한 의지를 밝혔다. 그리고 이런 생각을 선덕여왕에게 보고한 뒤 국경을 넘어 고구려로 갔다.

642년 10월, 고구려에서는 연개소문淵蓋蘇文이 영류왕榮留王을 죽이고 보장왕寶藏王을 왕위에 앉혔다. 보장왕과 연개소문이 처한 상황이 백제와 손잡고 당항성을 공격하던 때와 달랐다. 정권의 안정이 시급한 터라 상황을 안정적으로 관리하면서 고구려의 숙원을 해결한다는 원칙을 갖고 있었다. 이들 앞에 간 김춘추는 백제가 큰 뱀과 돼지처럼 신라를 침범하니, 대국인 고구려의 군사력으로 치욕을 씻고 싶다고 말했다. 연개소문과 보장왕은 원래 고구려 땅이던 죽령 서북쪽 땅을 돌려주면 군대를 보내 주겠다고 답했다. 한강 유역을 통째로 넘기라는 것이니, 신라로서는 도저히 받아들일 수 없었다. 연개소문도 김춘추가 이를 받아들일 거라고 예상하진 않았을 터다. 김춘추는 거부했고, 궁궐 주변 별관에 갇혔다. 김춘추는 수행원을 시켜 보장왕의 신하인 선도해先道解에게 선물을 주고 속내를 떠보았다. 연개소문의 쿠데타에 불만이 있었던 것으로 보이는 선도해와 대화를 나눈 김춘추는 보장왕에게 글을 보내 죽령 서북쪽 땅을 고구려에 내주도록 선덕여왕에게 건의하겠다고 약속했다.

한편 김유신은 김춘추와 고구려의 협상이 결렬되자 결사대 1만 명을 거느리고 한강을 건너 고구려의 경계로 들어갔다. 김춘추가 해를 당하면 목숨을 걸고 싸우겠다는 의지를 드러낸 것이다. 고구려는 이 소식을 듣고 김춘추를 돌려보냈다. 김춘추가 죽음의 위기는 벗어났지만 고구려를 이용해 백제를 견제하려던 시도는 실패로 돌아갔다. 백제에 대한 견제보다 현상 유지와 한강 유역의 회복을 중시하는 고구려의 상황을 충분히 고려하지 않은 것이 안타까웠다. 하지만 고구려의 실상을 파악한 것은 적지 않은 성과였다. 신라가 고구려 다음으로 기댈 만한 대상은 고구려와 적대 관계에 있던 당이다.

643년 9월, 선덕여왕이 당에 사신을 보냈다. 이 사신은 고구려와 백제가 신라를 계속 괴롭혔으며 곧 대대적으로 공격해 올 거라고 당 태종太宗에게 말했다. 고구려와 백제를 모두 간악한 적으로 몰면서 당이 군사를 보내 구원해 달라고 호소했다. 이는 김춘추의 생각을 전한 것으로 보인다. 이때 당 태종이 세 가지 대책을 내밀었다. 첫째, 백제·고구려와 싸울 때 부대 진영에 수천 개의 붉은 옷과 붉은 깃발을 진열해 놓으면 적군이 겁먹고 도망갈 것이다. 둘째, 당이 100여 척의 배로 백제를 습격할 것이다. 셋째, 여왕의 존재 때문에 신라가 이웃 나라에게 얕보이고 있으니 당의 왕족 중에 한 사람을 신라의 왕으로 파견하겠다. 첫째 대책은 그냥 둘러대는 말이고, 둘째 대책은 원칙적인 선언에 불과했다. 신라의 아픈 구석을 건드린 셋째 대책은 도저히 받아들일 수 없는 것이었다. 신라의 사신은 이를 거부의 표현으로 알고 돌아와야 했다.

한편 645년에 왜에서는 친백제적인 소가씨蘇我氏 정권이 몰락하고 나카노오에中大兄 정권이 등장했다. 이 정권이 다이카개신大化改新으로 정국을 안정시키고 고대국가 체제를 정비해 나갔는데, 이를 위해 주변국과도 안정적인 관계가 필요했기 때문에 친신라 정책을 불러왔다. 그리고 646년 9월에 사신을 통해 인질을 보내라고 요구했다. 실성왕이 자신을 고구려에 인질로 보낸 내물왕에 대한 보복으로 402년에 내물왕의 셋째 아들 미사흔未斯欣을 왜에 보낸 기억을 되살린 것이다. 신라로서는 친백제로 일관하던 왜가 우호 관계를 맺자고 요청한 것은 반갑지만, 백제를 견제하는 데 도움이 된다는 보장이 없었다. 그런데 647년 정월, 비담毗曇과 염종廉宗이 여왕은 나라를 잘 다스릴 수 없다는 구호를 내걸고 반란을 일으켜 명활산성에 기지를 두고 선덕여왕을 위협했다. 이 반란은 압량주 군주로 있던 김유신이 급히 달려와 정부군의 사기를 북돋운 뒤에야 가까스로 진압할 수 있었다. 하지만 겨우 며칠 만에 선덕여왕이 세상을 떠났다. 비담과 염종의 반란은 김춘추와 김유신을 향한 기존 귀족 세력의 반격이기도 했다. 비담을 비롯해 30여 명의 반란 세력을 처단하고 선덕여왕의 사촌인 진덕여왕眞德女王을 추대했지만, 김춘추는 정권을 다시 안정시킬 방법이 필요했다. 신라를 위기에서 구할 수만 있다면 왜와 교섭하기를 마다할 이유가 없었다. 결국 이해에 김춘추가 왜의 사신과 배를 타고 출발했다. 일본에서 그의 용모가 수려하고 담소를 잘했다고 평했다. 외교 활동 경험이 많은 그가 신라와 왜의 관계를 논리적으로 선명하게 풀어낸 것을 알 수 있다. 『니혼쇼키』는 그를 인질로 삼았다고 했지만, 일본에서 적극적인 외교 활동을 벌이고 바로 귀국한 데서 알 수 있듯이 그가 인질보다는 외교사절에 가까웠던 것 같다. 인질이라는 말은 현지에서 김춘추의 외교 활동을 일본의 시각에서 표현한 것이다.

김춘추는 앞서 고구려와 당에 요청한 것처럼 백제를 공격해 달라고 왜에 요구하지는 않았을 것이다. 백제와 친밀한 왜가 받아들일 가능성이 거의 없었기 때문이다. 다만 그가 신라와 왜의 우호 관계 유지를 제안했을 것이다. 고토쿠孝德천황에게 공작과 앵무새를 한 쌍씩 바친 것이 그 표시다. 백제가 신라에 대한 공격을 자제하도록 설득해 달라는 요구도 했을 것이다. 그 뒤 상황을 보면, 그의 요구가 백제에는 영향이 없던 것 같다. 하지만 그가 새로 등장한 나카노오에 정권의 내부 사정을 파악하는 성과는 있었다. 또한 적어도 왜가 신라를 공격하지 않는다는 약속은 받아 낸 것으로 보인다. 이는 신라가 백제를 상대로 한 싸움에 전념하는 데 적지 않은 도움이 되었다. 같은 해 10월에도 백제는 신라의 무산성무주 무풍, 감물성김천 개령, 동잠성구미을 공격했다. 김유신이 군대 1만을 거느리고 막아 냈지만, 경주로 통하는 낙동강 중류의 서쪽을 위협당한 것이다.

백제는 648년 3월에도 신라의 서쪽 변경을 공격해 요거성상주을 비롯한 10여 성을 함락했다. 이번에도 김유신이 방어했지만, 백제의 압박은 줄지 않았다. 김춘추는 이대로 가면 신라가 더 큰 위험에 빠질 것이라고 생각했다. 이를 막기 위한 마지막 승부수가 필요했다. 결국 이해에 김춘추가 아들 문왕文王과 당으로 향했다. 당은 신라의 군사 동원 요청을 거절한 적이 있다. 하지만 645년에 안시성 전투의 패배를 겪어 고구려를 일거에 쓰러뜨리기는 불가능한 상황에서 그 후방의 백제를 공격하자는 제안에 당 태종의 구미가 당길 수도 있었다. 김춘추는 이런 기대를 안고 당 태종을 설득할 방안을 여러모로 찾았다.

장안^{시안}에 도착해 당 태종을 만난 김춘추는 백제가 신라를 공격해 당에 조공할 길을 막는다고 하소연하며 당이 백제를 쳐서 조공 길을 지키게 해 달라고 요청했다. 신라에서 이해 정월에도 당에 사신을 보냈으니, 조공 길이 막혔다는 것은 과장이었다. 그래도 고구려를 빼고 이야기를 백제에 집중한 것이 효과가 있었다. 드디어 당 태종이 군대를 파견하겠다고 약속했다.

당 태종의 파병 약속이 원칙적 선언에 불과했어도 김춘추에게는 몇 년간 노력해서 얻어 낸 소중한 성과였다. 이제 백제의 침공으로부터 신라를 지켜 낼 희망이 생겼다. 자신의 정권을 유지하는 데도 유리한 일이

태종무열왕릉
태종무열왕(김춘추)이 적극적인 외교로 삼국 통일을 기획했다.

었다. 이에 그가 신라 관리의 복장을 당의 제도에 맞추겠다고 하고, 당 태종은 관복을 내려 화답했다. 김춘추는 신라로 출발하면서 문왕은 당 태종을 숙위하도록 남겨 놓았다. 숙위는 궁에 밤낮으로 머물면서 황제를 지키는 일이다. 당 태종이 약속을 지키도록 아들을 일종의 담보로 둔 것이다.

신라로 돌아오는 바닷길에서 김춘추 일행이 위기를 만났다. 김춘추가 평양에 다녀온 뒤 관계가 틀어진 고구려의 해상 순찰선과 마주친 것이다. 이때 그의 목숨이 위태로워지자, 수행원 온군해溫君解가 김춘추와 같은 차림으로 나섰다. 고구려군은 그를 김춘추로 여겨 잡아 죽이고 떠났다. 김춘추에게는 구사일생의 순간이었다.

김춘추는 백제를 견제할 동맹국을 구하기 위해 피나는 노력을 기울였다. 시행착오가 많았지만 마침내 당을 끌어들이는 데 성공했다. 눈앞에 닥친 위기에서 벗어나려고 애쓴 결과, 고구려와 백제를 모두 견제할 만큼 큰 동력을 확보했다. 정치적 위기를 극복하려는 노력과 국제 정세에 대한 정확한 판단이 빚어 낸 귀중한 성과다.

김유신의 백제 원정을 둘러싼 의문

당 태종은 김춘추에게 백제 원정을 약속하면서 구체적인 일정은 알려 주지 않았다. 고구려 원정에 실패한 지 얼마 안 되는 상황에서 곧바로 원정에 나서기가 쉬운 일은 아니다. 한시가 급한 신라가 당 태종의 실행을 앞당기기 위해 피나는 노력을 기울일 수밖에 없었다. 649년에 신라가 당 의관의 착용을 발표했다. 김춘추가 당 태종에게 요청한 중국식 관복 도입을 공식화한 것이다. 하지만 이해에 당 태종이 세상을 떠나면서 그의 파병 약속은 없던 일이 되어 버렸다. 신라는 대외 전략을 새롭게 짜야 하는 상황에 직면했다.

650년 4월, 진덕여왕이 「오언태평송五言太平頌」을 지어 비단에 수놓은 뒤 김춘추의 아들이자 훗날 문무왕이 될 법민法敏을 보내 당 고종高宗에게 바쳤다. 고종의 위엄과 군사력에 대한 찬사로 가득 찬 글귀는, 신라를 지지하고 지원해 달라는 읍소였다. 이때부터 신라는 독자적인 연호를 버리고 중국의 연호를 썼다. 이에 호응한 고종이 신라에게 빼앗은 영토를 돌려주라고 백제에 요구했다. 하지만 백제는 고구려, 왜와 우호를 강화하는 것으로 대응했다. 당은 외교적 압력을 가하는 선에서 더 나아가지 않았다.

이런 상황에서 654년에 진덕여왕이 세상을 떠났다. 많은 신하들이 상대등 알천閼川에게 섭정을 요청했다. 그는 맨손으로 호랑이를 때려잡을 만큼 용맹한 사람이었지만, 섭정을 사양하면서 김춘추에게 왕위를 넘기라고 말했다. 그리고 여러 번 사양하는 듯하던 김춘추가 결국 왕위에 올랐다. 그는 진덕여왕의 육촌 동생이다. 지증왕 이래 왕위는 대체로 아들이나 조카가 물려받았고, 김춘추는 원래 왕위 계승권을 가진 성골이 아닌 진골이다. 그의 즉위에는 처가인 김유신 가문이 물리적인 배경으로 작용했고, 기존 여왕들을 도운 것이 큰 힘이 되었다. 그때까지 쌓은 외교적 공적도 무시할 수 없었다. 하지만 그는 신라의 대외적 난관을 시급히 해결해야 한다는 짐을 지게 되었다.

무열왕武烈王·김춘추의 즉위 뒤에도 백제와 고구려는 신라의 서쪽과 북쪽 변경을 계속 괴롭혔다. 신라는 수시로 당에 사신을 보내 원군을 재촉했다. 하지만 당은 급히 응할 생각이 없었다. 고구려가 대규모 원정으로 쉽게 무너지지 않는다는 것을 알고, 간헐적인 공격으로 국력을 떨어트리는 작전을 폈기 때문이다. 고구려의 피해가 점차 늘어났지만, 치명적인 수준에 이르지는 않았다. 작전이 한계에 다다르자, 당은 후방의 백제부터 멸망시키는 것이 고구려를 무너뜨리는 길이라고 여기게 되었다. 따라서 659년부터 당이 신라의 요청에 응해 백제 원정을 준비했다. 이 소식이 신라에 전해지면서 신라도 통일 전쟁 준비를 서둘렀다.

660년 3월, 당 고종이 소정방蘇定方에게 백제 원정을 명령했다. 13만에 이르는 당군이 산동반도의 내주를 출발해 덕물도德勿島로 향했다. 김유신과 무열왕은 이에 맞춰 5월 26일에 군사 5만을 이끌고 출발했다. 양국 군대는 함께 백제의 사비를 공격하기로 했다. 김춘추가 오랫동안 추진한 계획이 마침내 실현되는 순간이었다.

신라군이 사비로 가는 데는 추풍령을 넘어 옥천과 논산을 거치는 길이 가장 효율적이었다. 당군은 덕물도에서 금강 하구를 통해 들어가 신라군과 만나면 될 일이었다. 그런데 신라군이 문경에서 이화령을 넘고 충주를 지나 6월 18일에야 남천에 도착했다. 사비성으로 진군하는 것만 생각하면, 너무 비효율적인 행군이었다. 사실 7세기 들어 신라군이 변경 지역의 대백제 전투에서 번번이 패했기 때문에, 단독으로 백제의 동쪽을 밀고 들어가는 것은 위험한 일로 여겨졌다. 또 한반도의 지형에

익숙하지 않은 당군이 금강 하구에 단독 진입해 백제군과 맞서는 것도 위험했다. 그래서 양국 군대가 비교적 안전한 지점에서 만나 함께 사비성으로 진격한다는 계획을 세운 것이다.

남천정에 도착한 신라군이 긴장 속에 당군의 기별을 기다렸다. 6월 21일, 태자 법민이 덕물도로 가서 소정방 일행을 맞이했다. 왕과 신라군이 대기한 위치로 보면, 당군과 만나기로 한 지점은 당으로 통하는 요충지였던 당항성 주변이었을 것이다. 그런데 소정방이 7월 10일에 사비성 남쪽에서 만나 함께 공격하자고 일방적으로 통보했다. 신라군이 남천정까지 행군해 온 고생을 거꾸로 돌리는 발언이었다. 소정방은 기왕 온 해로를 계속 따라가는 것이 편리하다고 생각했고, 사비성까지 진군하는 데 있을지 모를 병력의 손실을 가능한 한 줄이려고 했다. 당군을 만나기 위해 먼 길을 돌아온 신라군은 이 소식에 허망했을 것이다. 무열왕이 소정방에게 항의할 수도 있었지만, 운명을 건 대사를 앞둔 상황이었다. 오히려 당군의 규모와 위세가 대단하다는 말에 안도했다. 10년 가까이 고생하며 벼른 것을 생각해, 이런 수모는 견딜 수 있었다. 이에 무열왕은 금돌성尙州으로 내려가 후방 지휘를 맡았고, 김유신이 이끄는 주력부대는 남쪽으로 행군해 옥천에 이르렀다.

당군이 침공한다는 소식에 백제는 충격에 빠졌다. 외교적 압력이 으레 있었지만, 대군이 직접 공격한다는 것은 뜻밖의 상황이었다. 당장 당군과 신라군 가운데 어느 쪽부터 방어해야 할지 판단하기도 쉽지 않았다. 일찍이 성충成忠이 외세의 침공에 대비해 금강 하구의 기벌포를 막아야 한다고 주장했지만, 이 의견은 무시되었다. 다급해진 의자왕이 고마미지현장흥에 귀양 가 있던 흥수興首에게 자문을 구했다. 그는 당군이 금강으로 들어오지 못하게 하고 신라군이 탄현을 넘지 못하게 하라고 조언했다. 이에 대한 의견이 분분한 사이에 신라군은 탄현을 넘고 있었다. 당군은 금강 하구의 기벌포를 돌파해 사비성 남쪽에 도착했고, 사비성으로 진격하던 신라군은 황산벌논산에서 계백階伯의 결사대 5000명과 마주쳤다. 네 번에 걸친 공격이 실패해 신라군의 사기가 땅에 떨어졌는데, 관창官昌을 비롯한 화랑들의 자살 공격으로 사기를 되찾으면서 황산벌을 돌파할 수 있었다. 그 덕에 신라군은 약속보다 하루 늦은 7월 11일, 사비성의 남쪽에 도착했다.

당의 소정방은 신라군의 사정을 따져 보지도 않고 약속한 날보다 늦은 책임을 물으면서, 신라군의 감독과 독려를 맡은 독군督軍 김문영金文類을 죽이려고 했다. 김유신은 이렇게 부당한 대우를 받느니 차라리 당군과 먼저 싸우겠다고 강하게 대응했다. 성난 머리털이 곤추서고, 허리에 찬 보검이 저절로 칼집에서 튀어나왔다고 한다. 이에 주춤한 소정방이 사비성 공격을 먼저 논의하자고 해 양군이 비로소 화해했다.

위기에 처한 백제는 좌평 각가覺伽와 왕자까지 보내 당군과 협상하려 했다. 작전의 주도권을 당군이 쥐었다고 판단했기 때문이다. 하지만 협상을 벌이기에는 너무 늦었다. 의자왕은 위험을 깨닫고 웅진성으로 도망했다. 사비성은 힘없이 무너졌고, 웅진성의 의자왕은 수비대장 예식禰植의 협박을 못 이기고 성을 나와 항복했다.

백제의 멸망은 김춘추가 국가적 위기와 자신의 정치적 약점을 극복하기 위해 끊임없이 노력한 결과다. 많은 실패와 불확실한 상황이 앞길을

김유신의 묘
그는 백제의 쉼 없는 공격을 막아 냈고, 사비성을 함락하는 데 큰 공을 세웠다. 이 무덤이 경덕왕릉이라는
견해도 있다.

어렵게 했지만, 치밀한 준비와 현명한 판단이 승리를 향한 전환점을 만
들었다. 그리고 승리를 몸으로 만들어 낸 주인공이 김유신이다. 그는
김춘추가 위기에 처할 때마다 든든한 버팀목이 되어 주고, 백제의 끊임
없는 공격을 일일이 막아 냈다. 당군의 부당한 작전 운영 속에서도 신라
군을 효율적으로 이끌어 내 사비성을 함락하는 데 큰 힘이 되었다. 김춘
추와 김유신은 통일의 문을 함께 열었다.

8

문무왕, 당에 맞서 삼국을 통일하다

백제 지배를 둘러싼 갈등

660년 7월 백제가 멸망했을 때, 나당 연합군이 차지한 공간은 주로 사비성과 웅진성 주변이었다. 나머지 지역에는 아직 백제군이 버티고 있었다. 이들이 백제 부흥의 기치를 내걸고 당군과 신라군에 대항했다. 특히 임존성예산 대흥의 장군 복신福信과 승려 도침道琛이 백제 부흥의 구심점이 되었다. 나당 연합군은 이들을 진압하는 것이 시급한 과제였다. 하지만 당군의 사령관인 소정방은 9월 3일에 의자왕과 수많은 백제인을 포로로 이끌고 귀국했다. 사비성에는 당의 장수 유인원劉仁願이 이끄는 군사 1만 명만 남았다. 당의 최종 목표는 고구려 정벌이었다. 이를 위해 주력을 귀국시키고, 소수의 당군과 신라군에게 백제 부흥군 진압을 맡긴 것이다. 신라군도 이에 맞춰 7000명만 남고 귀국했다.

당은 백제의 옛 땅에 웅진도독부를 비롯해 총 다섯 도독부를 두었다. 도독부는 당의 변경에서 군사와 행정을 함께 관리하는 통치 구역이었다. 따라서 5도독부 설치는 백제 땅을 모두 당의 영토로 삼겠다는 선언이었다. 648년에 당 태종은 고구려와 백제를 평정할 경우 대동강 이남을 신라에게 주겠다고 김춘추에게 약속했다. 물론 김춘추는 이를 생생하게 기억하고 있었다. 당의 5도독부 설치는 이 약속을 송두리째 뒤집어엎는 행위였다. 하지만 고구려가 아직 존재하고 백제도 완전하게 점령하지 못한 상황에서 당의 약속 파기를 강하게 지적할 수도 없었다.

사비성에 남은 소수의 당군이 백제 전역을 지배하기란 불가능했다. 사실 5도독부는 사비성의 책상에서 그린 지도에 불과했고, 오히려 백제 부흥군이 점점 세를 불리면서 사비성의 당군을 포위하는 상황이었다. 부흥군은 두량윤성_{금산 부리}과 웅진 주변에서 당군과 신라군을 궁지에 몰아넣었으며 661년에도 공세를 이어 갔다. 이해 2월에 무열왕이 대군을 파견해 부흥군 진압에 나섰으나 성과 없이 돌아섰고, 5월에는 고구려가 술천성_{여주}과 북한산성을 대대적으로 공격해 신라의 부담이 가중되었다. 무거운 분위기 속에서 6월에 무열왕이 세상을 떠났다. 백제 부흥군 진압은 새로 즉위한 문무왕의 몫이 되었다.

9월에는 의자왕의 아들 풍_豐이 왜에서 구원병을 이끌고 돌아와 왕으로 즉위했다. 이는 백제 부흥군의 구심을 강화하는 데 도움이 되었지만, 지도부의 다툼 탓에 결집력이 떨어졌다. 복신이 도침을 제거해 군권을 장악했는데 부흥군의 사기가 떨어진 것이다. 게다가 복신의 모반을 눈치챈 풍왕이 그를 죽이면서 부흥군은 더욱 위축되었다. 나당 연합군은 이 기회를 이용해 웅진의 동쪽과 대전 일대의 성을 차지하면서 신라와 연결되는 보급로를 안정적으로 확보했다.

부흥군의 세력이 위축되자, 당이 신라가 예상하지 못한 조치를 내렸다. 663년 4월에 일방적으로 신라를 계림대도독부로 삼고 문무왕을 대도독으로 임명함으로써 백제에 이어 신라까지 당의 영토로 편입한 것이다. 이것이 상징적인 조치에 지나지 않아도 신라로서는 견디기 힘든 상황이었다. 하지만 백제 부흥군이 남아 있는 상황에서 신라가 이를 거부할 수도 없었다.

663년 8월에는 왜에서 백제 부흥군을 지원하기 위해 파견한 군대가 백촌강 금강 하류 전투에서 나당 연합군에게 전멸당했다. 이해 말까지 임존성도 함락당하면서 백제 부흥 운동은 사실상 막을 내렸다. 이듬해 2월, 당의 칙사 유인원이 웅진에서 의자왕의 아들 부여융扶餘隆과 문무왕의 동생 김인문金仁問의 맹약을 주선했다. 당의 지배하에 웅진도독부와 계림도독부로 평화롭게 지내라는 뜻이었다.

665년 8월, 당이 백제와 신라의 맹약을 다시 강요했다. 결국 유인원이 입회한 가운데 문무왕이 웅진도독이 된 부여융과 취리산에서 맹약했다. 흰 말을 잡아 그 피를 마시면서 형제처럼 지내겠다고 약속했다. 사실상 당이 백제를 영구히 지배하겠다고 공식화하고, 문무왕이 이를 받아들인 것이다. 이는 김춘추와 당 태종의 협약을 무시하는 조치였지만, 고구려를 정복하기 위한 전쟁이 계속되는 상황에서 신라가 이를 거부할수는 없었다. 하지만 신라는 백제의 옛 땅도 포기할 수 없었다. 유인원이 668년까지 웅진에 주둔했지만, 당시 초미의 관심사는 고구려 원정이었다. 이 기회를 이용해 신라가 웅진에서 먼 지역을 중심으로 백제의 옛 땅을 점령해 나갔다. 이를 파악한 당이 신라를 압박했고, 신라에서는 당이 왜를 원정한다는 핑계로 선박을 수리해서 실제로는 신라를 공격할 것이라는 소문이 돌았다. 당군이 실제로 원정에 나서진 않았지만, 양국의 관계는 점점 더 험악해졌다.

670년 1월에는 당 고종이 신라의 사신 김양도金良圖를 옥에 가둬 죽게 했다. 문무왕이 마음대로 백제의 토지와 백성을 빼앗았다는 것이 이유였다. 부당한 조치를 더는 참을 수 없던 신라가 일전을 각오하고 권리를 찾기로 했다. 이해 3월에 신라군이 압록강을 건너 오늘날 랴오닝성의 옥골, 개돈양 일대를 공격하면서 나당전쟁이 일어났다. 6월까지는 백제의 옛 성 예순세 곳을 추가로 확보했다. 그다음 달에 김유신의 동생인 김흠순金欽純이 사신으로 갔을 때 당이 한반도 지도를 주었는데, 여기에 백제의 옛 땅이 모두 웅진도독부로 되어 있었다. 문무왕은 이 지도를 받아들일 수 없었다.

이듬해에는 신라가 웅진 남쪽을 비롯해 여러 곳에서 당군과 싸웠다. 당군의 묵인하에 다시 고개를 든 백제 세력과도 싸워야 했다. 당군이 원정 온다는 소식이 또 전해졌다. 신라군이 당의 수군과 맞서기 위해 웅포를 지켰으나, 당군은 오지 않았다. 신라군은 웅진 남쪽, 가림성부여 성흥산성, 석성부여 석성 등지에서 당군, 백제군과 싸웠다. 672년에 가림성을 공격했으나 손에 넣는 데는 실패했다. 이런 전투가 나당전쟁과 동시에 진행되었는데, 나당전쟁의 공간이 주로 한강과 임진강 사이라는 점을 이용해 신라가 백제의 옛 땅을 모두 차지했다. 그리고 676년 기벌포

전투에서 당군을 격퇴함으로써 신라가 백제의 옛 땅에 대한 지배를 확정했다.

고구려 원정에 나선 신라군의 고난

사비성을 함락했을 때 당은 고구려로 눈길을 돌렸다. 고구려 정복은 당 태종과 김춘추가 약속한 것이라, 신라도 피할 수 없었다. 661년 1월, 당 고종이 고구려에 대한 공격을 명령하고 문무왕에게 원군을 요구했다. 이 소식이 신라에 전한 6월에 무열왕이 사망해 문무왕은 상중이었다. 그가 큰 슬픔에 빠져 있었지만, 당의 지원으로 사비성을 점령한 터라 원군 요구를 무시할 수 없었다. 7월 17일, 김유신을 대장군으로 삼아 원정군을 편성하고 그 휘하에 전국의 주요 부대를 편입했다.

경주를 출발한 문무왕과 원정군이 시이곡정_{이천}에 도착한 8월에 백제 부흥군이 옹산성_{대전 대덕구 계족산성}을 막고 있다는 소식이 전해졌다. 그런데 이곳이 경주에서 사비성으로 통하는 요충지였기 때문에, 신라군으로서는 이곳을 회복하는 일이 무엇보다 시급했다. 문무왕은 이미 대동강 연안으로 상륙해 평양성을 포위하고 있던 소정방에게 옹산성의 중요성을 전하며 이를 회복한 뒤에 올라가겠다고 약속했다. 그리고 신라군은 남쪽으로 방향을 틀었다.

9월 25일, 옹산성으로 간 김유신이 사흘 만에 성을 함락했다. 이로써 경주와 사비성의 보급로가 회복되었다. 그 중요성이 컸기 때문에 문무왕은 공을 세운 장군들에게 많은 상을 내렸다. 이제 신라군은 평양으로 가서 소정방의 당군을 도와야 했지만, 때는 겨울이 다가오는 음력 10월이었다. 추위 속에 대군을 이끌고 평양으로 가기가 부담스러운 신라가 원정을 지체하고 있었다. 그런데 10월 29일, 당군에게서 식량이 떨어져 위급하다는 연락이 왔다. 신라가 외면할 수 없었지만, 식량을 구하는 데는 시간이 걸렸다. 662년 1월에 당의 옥저도 총관 방효태龐孝泰는 사수 전투에서 연개소문에게 패배하고, 소정방의 부대는 평양성을 포위했으나 큰 눈 때문에 진영만 유지하고 있었다. 이달에 김유신이 수레 2000여 채에 쌀 4000섬과 조 2만 2000여 섬을 싣고 평양으로 출발했다.

그러나 김유신이 이끄는 신라군의 진군이 쉽지 않았다. 겨울이 지나지 않아 병사들이 추위에 시달렸다. 얼음 때문에 미끄러운 곳에서는 수레가 나아갈 수 없었기 때문에, 식량을 소와 말의 등에 싣고 전진했다. 1월 23일에 칠중성파주 적성 주변에서 임진강을 건넜는데, 여기부터 고구려 땅이다. 갑자기 적이 나타나면, 수레와 식량이 많은 신라군이 대응하기가 쉽지 않은 상황이었다. 김유신이 위험을 피하기 위해 큰길 대신 좁은 길로 이동했다. 2월 1일에는 장새수안에 이르렀다. 언진산맥만 넘으면 평양까지 비교적 쉬운 길이다. 그런데 갑자기 눈보라가 몰아쳐 많은 병사와 말이 얼어 죽었다.

2월 6일, 김유신이 평양에 도착해 당군에게 식량을 전해 줄 수 있었다. 소정방에게는 따로 은 5700푼을 주기도 했다. 하지만 당군은 그동안 식량 부족과 피로에 시달려 전투력이 크게 떨어져 있었다. 소정방이 식량을 받자마자 돌연 전쟁을 포기하고 당으로 돌아갔다. 목숨을 걸고

호로고루성 앞의 임진강 여울
임진강을 도보로 건널 수 있는 곳 중에서 하류에 가장 가까워, 삼국 간 항쟁과 나당전쟁의 격전장이 되었다.
사진 중앙부의 호로고루성과 오른쪽 감악산 사이 낮은 산봉우리에 자리한 칠중성이 임진강을 내려다보고 있다.

평양까지 간 신라군에게는 너무 실망스러운 결정이었다. 김유신이 할 수 없이 군대를 이끌고 경주로 향했는데, 임진강을 건널 때 고구려 대군의 공격을 받았다. 하지만 한꺼번에 많은 활을 쏘는 만노萬弩로 역습한 신라군이 고구려군 1만의 목을 베고 복귀할 수 있었다. 신라가 당에 의리를 지켰지만, 성과는 없고 희생이 큰 행군이었다.

나당 연합군과 고구려의 전투는 오랫동안 소강상태에 있었다. 666년에 고구려에서 연개소문이 죽고 아들들 사이에 권력 다툼이 생겼다. 동생 남건男建에게 권력을 빼앗긴 남생男生이 당으로 망명해, 그를 앞잡이로 확보한 당이 좋은 기회를 맞이했다. 신라도 이 기회를 이용해 통일 전쟁을 마무리하고 싶었다. 문무왕이 당에 고구려 원정을 위한 파병을 요청하고 당이 이적李勣을 보내 고구려를 공격했다. 고구려는 이를 버텨 냈지만, 그 후유증으로 12월에 연개소문의 동생 연정토淵淨土가 신라에 항복했다.

667년 7월, 당이 유인원을 보내 다시 고구려 원정에 나섰다. 당의 원군 요청을 받은 신라에서도 문무왕이 8월에 김유신과 군사를 이끌고 평양으로 향했다. 9월에 한성에 도착한 신라군은 당군이 평양에 도착하기를 기다렸다. 10월 2일, 당군이 평양성 북쪽 200리 지점에 도착해 신라군에게 북상을 요구했다. 이에 맞춰 신라군이 임진강을 건너 11월 11일에는 장새에 이르렀는데, 갑자기 당군이 철수했다. 요동에서 고구려군과 당군의 격전이 계속되는 데다 남건이 압록강을 지키고 있어서 유인원이 안심하고 평양성을 공격하기가 어려웠기 때문이다. 며칠이면 평양에 다다를 수 있는 위치였지만 신라군도 철수할 수밖에 없었다. 같은 해 9월 요동에서는 당군이 신성, 남소성, 목저성 등 요충지의 성을 수없이 함락하고 있었다. 요동의 상당 부분을 잃은 고구려는 방어력이 급격히 떨어졌다.

668년이 되자 당이 고구려를 정복하기 위한 총력전에 나서, 2월에는 천리장성 북쪽 끝에 자리한 부여성을 차지했다. 고구려가 북방족과 손잡고 당군의 측면을 공격하는 작전을 쓸 수 없게 된 것이다. 신라군은 고구려 원정을 위해 6월까지 20만 대군을 편성했다. 7월 16일에는 한성에 이르러 당군과 연합 일정을 조율했다. 당의 주력부대가 9월에 압록강을 돌파했고, 평양에는 글필하력契苾何力의 부대가 먼저 와서 기다리고 있었다. 이에 맞춰 신라군도 평양으로 향했다. 신라군은 평양 북쪽의 안주 일대에서 당군과 만나 평양으로 내려왔다. 9월 21일에는 당군과 신라군이 평양성을 포위했다. 고구려에서는 남건이 성문을 굳게 닫고 지켰으나, 닷새 만에 함락당했다. 백제에 이어 고구려가 사실상 역사 속으로 사라졌다.

신라의 고구려 원정은 648년 당 태종과 김춘추의 약속에 따른 것이다. 이미 백제 원정을 위해 국력을 쏟아부은 신라로서는 출혈이 컸다. 게다가 당이 신라의 작전을 좌지우지하다 보니, 신라가 동원한 막대한 물자와 병력이 당의 철군에 따라 무위로 돌아간 적도 많다. 당군의 처사에 피눈물을 흘리면서도 신라군이 끝까지 인내한 것은 영토 확장보다 통일 전쟁 완수라는 목표 때문이다. 그런데 고구려의 멸망이 신라와 당 사이에 갈등의 씨앗을 키우고 있었다.

당에 대한 신라의 이중 플레이

평양성을 함락하면서 신라는 7세기 초부터 품고 있던 숙원을 풀었다. 오랜 전쟁을 마감하고 통일된 땅에서 안정된 발전을 기대했다. 하지만 당의 약속 불이행이 신라에게 새로운 선택을 요구했다.

668년 12월, 당이 평양에 안동도호부를 설치했다. 도호부는 도독부를 관리하는 치소였다. 따라서 이것은 웅진도독부와 계림도독부를 안정되게 지배하려는 조치였다. 원래 당 태종에게 김춘추가 약속받은 영토는 대동강 이남이다. 대동강 이북에 치소를 설치한다면 신라가 이의를 제기할 이유가 없다. 하지만 안동도호부가 한반도 이남을 지배하는 치소가 된다는 것은 약속을 정면으로 거스르는 처사였다. 663년에 계림도독부가 설치될 때는 고구려 원정을 앞둔 상황이라 울분을 억눌렀으나, 평양을 정복한 마당에 그대로 받아들일 수는 없었다. 현실적인 이유도 있었다. 고구려 원정이 본격화되던 668년 3월에 신라가 비열홀을 회복하고 주를 설치했다. 관리가 파견되었고, 백성들도 이주해 생활하기 시작했다. 이곳을 고구려에게 빼앗기고 30년 만의 일이다. 그런데 당이 이곳을 고구려에게 돌려준다고 발표했다. 고구려인을 내세워 당의 영토로 편입하려는 조치였다. 비열홀은 대동강과 위도상 비슷한 선에 있어서 신라가 당의 조치를 적극적으로 거부하기는 어려웠다.

신라는 당의 도호부 설치를 받아들이는 대신 백제의 옛 땅을 점령해 나갔다. 이에 당은 신라가 은혜를 배신하고 영토를 침범했다며 위협했다. 웅진도독부가 사라지지 않은 상황에서 당에 반발할 수만은 없던 문무왕이 669년 5월에 김흠순과 김양도를 당에 보내 사죄했다. 겨울에는 당이 탐낸 최고의 쇠뇌[弩] 기술자 구진천(仇珍川)까지 보냈다. 옛 백제 땅에 대한 신라의 점령이 당의 의사에 반대된다는 것을 어느 정도 인정하면서 최대한 협조하겠다는 뜻을 밝힌 셈이다. 신라가 점령지를 당에게 내주지는 않았다. 현상을 유지하면서 당의 불만을 최대한 잠재우려 한 것이다.

당은 이런 신라의 이중적 태도가 달갑지 않았지만, 토번(티베트)이 비단길을 장악하면서 관심이 서역으로 쏠렸다. 그러면서도 김흠순에게만 귀국을 허용하고 김양도를 억류했다 그가 감옥에서 죽는 지경에 이르게 했다. 신라는 이 기회에 당군을 한반도에서 깨끗이 몰아내려 했다. 당의 지배로 불만이 쌓인 고구려인들과도 힘을 합치기로 했다. 670년 3월에 신라의 설오유薛烏儒와 고구려 부흥군의 고연무高延武가 각기 정예병 1만을 이끌고 요동을 공략했다. 이들이 개돈양에서 당의 말갈군을 격파했으나, 수적으로 밀리면서 백성황해도 재령으로 후퇴했다. 나당전쟁이 시작되었다.

당은 고구려인의 자치를 내세워 평양 일대를 지배하려 했으나, 신라가 고구려의 부흥 운동을 지원하면서 이런 시도는 물거품이 되었다. 이에 당이 안동도호부를 요동으로 옮기고, 대군을 편성해 신라를 치려 했다. 이를 감지한 의상義湘이 당에서 귀국해 문무왕에게 보고했고, 이는 명랑明朗이 용궁에서 전수받았다는 문두루 비법을 시행하는 것으로 이어

ⓒ장일규

사천왕사지
신라인은 오방신이 당의 침공으로부터 신라를 지켜 주기를 간절히 바라며 사천왕사를 조성했다.

졌다. 문두루는 동서남북과 중앙의 신, 오방신에게 소원을 비는 주술이다. 이때 신라인의 소원은, 당군이 배를 타고 침공하면 오방신의 권능으로 격침해 달라는 것이었다. 즉 문무왕은 당과 일전을 벌인다는 각오로 신라인의 단결을 추구했다. 671년에 당 고종이 악붕귀樂鵬龜를 사신으로 보내 문두루 의식의 실체를 캐물었는데, 신라에서는 낭산 남쪽에 천왕사를 짓고 고종의 만수무강을 축원하는 법회를 열었다고 둘러댔다. 악붕귀가 현장을 둘러보고 이를 의심하자, 신라 사람들은 그에게 많은 뇌물을 주고 자신들의 설명대로 보고하게 했다.

하지만 당과 신라의 관계는 개선되지 않았다. 671년 9월, 당의 고간高侃이 말갈병 4만을 이끌고 황해도 일대로 침공했다. 백제와 고구려를 정벌할 때는 신라가 당군의 보급을 도왔으나, 이때는 기대할 수도 없었다. 오히려 당군의 보급선이 대동강과 재령강이 합쳐지는 남포 부근에 접근하자, 신라군이 이를 급습해 격침했다. 결국 당군은 남하를 포기하고 평양 이북으로 퇴각했다. 672년 7월에도 당의 고간과 이근행李謹行이 4만 군사를 이끌고 침공했다. 기마병이 많은 당군에 대항해 긴 창으로 무장한 장창당을 운영하기도 한 신라군이 석문黃海道 瑞興 전투에서 일시적으로 승리를 거뒀다. 하지만 당군이 기마술과 진법을 결합해 대응하면서 신라군의 대패로 끝났다.

그 뒤 신라군은 김유신의 제안으로 성문을 굳게 닫고 수비에 치중하는 한편 당에 사죄사謝罪使를 보내고 당군 포로 170명도 송환했다. 신라에 기근이 닥쳤는데도 당의 황제에게 은 3만 3500푼을 비롯해 막대한 공물을 보냈다. 신라가 항전하는 한편으로 유화책을 편 것이다. 하지만 당군은 공세를 멈추지 않았다. 673년 겨울, 당군이 한강을 건너 동자성 김포까지 함락했다. 674년 즈음에는 요동의 안동도호부도 평양으로 돌아온 것으로 추정된다. 하지만 성문을 굳게 닫고 버티는 농성 작전을 쓴 신라군을 돌파하지 못했다. 이때 천산산맥 일대의 부족이 반란을 일으키면서 한반도에 대한 당의 관심도 줄어들었다. 전쟁은 소강상태로 들어갔다. 이 기회를 이용해 신라군은 당군에 대비하는 노력을 기울였다. 2월에는 문무왕이 궁궐에 안압지를 조성할 정도로 여유를 찾고 있었다.

675년 1월, 토번 쪽이 안정되자 당이 신라에 대한 전면 공세에 나섰다. 2월에 유인궤劉仁軌가 대군을 이끌고 와 칠중성을 함락했고, 이근행은 매초성양주 고읍을 장악했다. 하지만 이해 9월에는 신라군이 당군의 보급선단을 천성파주 오두산성 주변 한강에서 격침해 보급을 기다리던 이근행의 부대에 치명타를 입혔다. 그리고 즉시 매초성을 공격해 대승을 거뒀다. 임진강과 한강을 연결하는 요충지를 확보한 것이다. 당군이 칠중성을 총공격하며 만회에 나섰으나, 신라군의 농성전에 격퇴당했다.

당은 지상전으로는 승산이 없다고 판단해 수군으로 설욕하려 했다. 676년 11월에 설인귀薛仁貴의 부대가 서해안을 우회해 백촌강 하구로 들어왔다. 시득施得이 이끄는 신라군은 그 입구에서 당군을 기다렸다. 기벌포 주변 싸움에서 시득의 선단이 처음에는 밀렸지만 전투를 거듭하면서 설인귀의 선단을 에워싸고 공격해 섬멸했다. 7년에 걸친 나당전쟁이 신라의 승리로 막을 내리는 순간이었다.

애초에 신라가 당이라는 세계적 강대국을 상대로 싸운다는 것은 무리였다. 하지만 신라는 외교적으로 저자세를 취하면서 군사적으로는 꿋꿋

함을 잃지 않았다. 불리한 상황에서도 기회가 오면 기민하게 포착했다. 문무왕은 때에 알맞은 지도력을 발휘해 삼국 통일의 주인공이 되었다.

나당전쟁 승리의 비결

당을 상대로 신라가 승리한 데는 외부적 원인이 있었다. 676년에 당이 토번의 내분을 틈타 총공세를 펴기 위해 한반도에서 주력부대를 귀국시켰다. 한반도에 머무른 당군은 대부분 말갈인이었다. 이런 상황이 분명 신라에 유리하게 작용했다. 하지만 이것은 승리의 여러 요인 중 하나일 뿐이다.

신라가 당과 틀어지기 시작한 것은 백제 점령 문제 때문이다. 671년 7월에 당의 행군총관원정군 총사령관 설인귀가 문무왕에게 편지를 보내 신라의 백제 점령이 부당하다고 지적했다. 이에 대해 문무왕은 평양 이남의 백제 땅을 모두 주겠다던 당 태종의 약속을 상기시키는 답을 보냈다. 신라가 당의 뜻을 거스를 생각은 없지만, 협상 내용은 지켜야 한다고 강조했다. 당이 저버린 약속을 신라가 지키기 위해 노력하는 것은 당을 거스르는 행위가 절대 아니라는 것이다. 이때 문무왕은 당에서 이런 주장을 그대로 수용하지 않을 것이라고 예상했다. 그래서 중국의 방식으로 에둘러 표현했다. 김인문이 당에 억류되었을 때 문장으로 유명한 강수強首에게 직설적이지 않으면서 호소력 있는 외교문서를 쓰라고 했고, 이렇게 쓰인 강수의 글을 본 당 고종이 눈물을 흘리며 김인문을 보내

주기로 했다. 양국 관계가 곧바로 회복돼 김인문은 그대로 당에 남았지만, 외교문서가 신라의 상황을 설명하는 데 중요한 구실을 했다. 원칙을 지키면서 세련되게 표현한 글은 신라의 외교력으로 작용했다. 문무왕은 고구려와 백제를 평정한 데 강수의 문장이 군사작전에 버금가는 공로를 세웠다고 평가했다.

백제와 고구려를 정복할 때 당은 신라의 혈맹이었다. 양국의 협조가 승패를 좌우했다. 신라군의 상황을 무시한 당군의 움직임이 신라군을 곤란에 빠뜨리기도 했다. 이런 일을 겪으면서 신라군은 당군의 강점과 약점을 구체적으로 파악했다. 당군의 대표적인 장점은 기병의 비중이 높다는 것이었다. 보병이 중심인 신라군은 기병이 돌진해 오면 공포감에 사로잡혀서 제대로 대응할 수 없었다. 그래서 긴 창으로 무장한 장창당을 두었다. 병사 한 명이 창의 손잡이를 잡고 적군이 탄 말의 가슴을 겨냥하면, 다른 병사가 손잡이 끝을 땅에 고정해 창날이 말의 가슴에 깊이 박히도록 하는 것이 장창당의 공격이다. 그럼 말을 타고 있던 적군이 땅바닥에 나뒹굴고, 대기하던 신라군이 바로 달려가 그 목을 벤다. 이 작전은 상당한 효과가 있었다.

하지만 당군의 기병이 대대적으로 공격하면 장창당의 효과가 떨어졌다. 이럴 때 신라군은 농성전으로 대응했다. 전략적으로 유리한 성에서 농성전을 벌이다 적군이 이 성을 버리고 통과하면 그 뒤를 칠 수 있었다. 농성전은 당과 장기전을 벌일 때 효과를 발휘했다.

전투부대를 움직이는 진법 면에서 신라보다 당이 우세한 것이 사실이었다. 당은 제갈량諸葛亮의 8진법八陣法을 응용한 6진 병법을 개발하고 있었다. 6진 병법은, 둥그런 진영 하나를 네모난 진영 다섯 개가 둘러싸고 신속하게 대형을 바꿔 가며 방어와 공격을 효율적으로 진행했다. 문무왕은 당에 유학한 설수진薛秀眞에게 이를 익히게 했고, 훈련 장면을 직접 보면서 격려했다. 이런 노력이 근접전의 불리함을 극복하는 데 도움이 되었다.

당군과 싸울 때 고구려와 백제의 유민을 관리하는 것도 중대한 문제였다. 이들이 당과 손을 잡으면 신라에게는 치명적이기 때문이었다. 이미 웅진도독부가 설치될 때부터 일부 백제인이 당에 협조했는데, 나당 전쟁이 시작되면서 이것이 신라에 큰 문제가 되었다. 신라는 백제인들을 정벌하면서 협조적인 사람에게는 관직을 주었다. 673년에는 백제의 장관급인 달솔에게 최고 대나마10등까지 주었는데, 이런 조치가 백제 지배 세력의 협조를 이끌어 내는 데 도움이 되었다.

고구려 유민에게는 좀 더 적극적인 조치를 취했다. 고구려의 귀족 고연무는 670년, 나당전쟁이 시작될 때부터 신라군의 작전에 참여했다. 이해에 부흥 운동을 벌이던 안승安勝이 신라에 항복하자 문무왕이 그를 금마저익산 금마에 살게 하고 고구려왕으로 봉했다. 674년에는 그를 보덕왕報德王으로 삼았는데, 그를 포용해 준 은혜에 보답할 것이라는 기대감이 담긴 이름이다. 고구려 유민을 백제의 옛 땅을 지키는 데 활용하기도 했다. 이 모든 조치는 신라가 고구려까지 포용했다고 널리 알리는 효과를 거두었다. 신라에 망명한 고구려 유민이 3만 명 이상이었다.

전쟁은 수많은 백성의 희생을 강요했다. 설인귀가 문무왕에게 보낸 편지에서 말한 것처럼 한 집 한 집에서 군사를 징발해 오랫동안 근무시켰다. 과부가 군량미를 옮기고 어린아이가 부대 운영을 위한 경작지에 동원되었다. 이들의 협조가 없었다면 당과 전쟁을 할 수 없었다. 고구려 원정을 끝낸 668년 11월, 문무왕이 전사자 유족에게 물품을 지급해 보상하고 일반 장교와 그 수하에게까지 옷감을 주며 격려했다. 국가를 위한 희생에 대한 보상은 신라가 남한강 상류에 진출할 때부터 확인된다. 통일 전쟁에 대한 기록에는 전공을 세운 장군에 대한 포상이 주로 보이지만, 장군부터 일반 백성에 이르기까지 공을 세운 사람들에게 후하게 포상해 백성의 협조를 이끌어 내는 데 도움이 된 것으로 보인다. 이렇게 나당전쟁에서 신라의 승리는 문무왕을 비롯한 지도자들이 국가의 역량을 적절한 시기에 지혜롭게 선택하고 효과적으로 활용한 결과다. 이름 없는 백성들의 희생은 그 밑돌이 되었다.

신라 승리의 최종 결과가 삼국 통일인가, 백제 정복인가에 대한 논쟁이 있다. 고구려 영토의 대부분이 빠진 점을 중시하면, 삼국 통일이라는 말을 쓰기 어렵다. 신라가 삼국을 통일하겠다는 사명감으로 전쟁을 일으킨 것도 아니다. 대야성 함락으로 상징되는 국가적 위기를 극복하기 위해 노력한 끝에 통일의 결실을 거뒀다. 하지만 당 태종이 신라에게 주겠다고 약속한 평양 이남에서 고구려 영토나 그 영토였던 땅의 비중이 적지 않아, 삼국 통일의 대상에 고구려가 포함된 점을 부정할 순 없다. 또 문무왕이 당의 작전에 협조하면서도 최대한 자주성을 지킨 것은 결과적으로 하나의 국가와 민족을 이루는 데 기틀이 되었다. 김춘추가 통일의 문을 열었다면, 문무왕은 삼국 통일을 이루었다.

9

신문왕, 통일신라의 뼈대를 완성하다

장인 김흠돌이 반란을 일으킨 이유

신문왕神文王은 신라가 나당전쟁에서 승리하고 5년 만인 681년에 즉위했다. 문무왕의 장남인 그는 백제가 멸망하고 5년 뒤인 665년에 태자가되었다. 16년 동안 통치 수업을 받은 셈이었다. 하지만 오랜 전쟁이 남긴 상처가 충분히 아물지 않았고, 해결해야 할 난제도 산적해 있었다. 이런 신라를 어떻게 이끌어 갈지가 신문왕에게 큰 짐이었다. 그가 태자가 되었을 때 신라는 옛 백제의 땅에 대한 지배를 둘러싸고 당과 신경전을 벌이고 있었다. 문무왕이 당의 압력으로 웅진의 취리산에서 백제의 부여융과 화친을 맹세해야 했다. 신라는 원하지 않는 맹약을 어쩔 수없이 맺으면서 당과 갈등을 키우고 있었다. 이 갈등이 나당전쟁으로 폭발했고, 당군이 물러갔어도 갈등은 해결되지 않고 봉합되었을 뿐이다.

679년에 문무왕이 사천왕사를 완공한 것은 대당 관계에서 신라의 자존심을 계속 살리겠다는 의미였다. 사천왕이 부처를 사방에서 호위하는 존재인 만큼, 부처에 버금가는 문무왕의 위세를 과시한 것이기 때문이다. 신문왕도 당에 대한 자주 정책을 거의 계승했다. 당이 토번 때문에 계속 골머리를 앓았기 때문에 이런 정책이 별다른 문제를 일으키지도 않았다. 내부적으로는 할아버지인 무열왕과 아버지인 문무왕이 통일 전쟁에서 큰 공을 세워 왕권을 안정시켜 놓은 뒤다.

무열왕은 최초의 진골 왕이다. 그 전 왕들은 기존 왕의 사촌 이내인 성골이었다. 무열왕은 진골이라는 한계를 극복해야 했지만, 신문왕은 이런 걱정과 거리가 멀었다. 그런데 662년에 중앙의 핵심 부대인 대당의 총관 김진주金眞珠와 남천주 총관인 김진흠金眞欽이 백제의 부흥군 잔당을 진압하라는 명령에도 병을 핑계로 응하지 않으면서 업무를 태만하게 보다 처형되었다. 문무왕이 즉위하고 1년 남짓한 때의 일이다. 김진주는 659년에 병부령에 임명될 정도로 지위가 높았고, 김진흠은 그와 형제였다. 이렇게 기강이 해이해지거나 왕에게 대항하는 세력이 나오지 않는다는 보장이 없었다. 통일 전쟁은 많은 군인들의 뼈아픈 희생을 낳은 한편 공을 세운 장군들이 적지 않은 포상과 함께 출세의 길을 걷는 기회가 되었다. 이들이 왕에게 고마운 존재였지만, 그 세력이 비대해지면서 부담이 되었다. 문무왕은 세상을 떠나며 자신의 관 앞에서 바로 즉위하라고 아들에게 유언했다. 신문왕도 편하게 통치할 상황은 아니었던 것이다.

문무왕의 걱정은 그가 죽고 한 달도 지나지 않아 현실이 되었다. 8월 8일에 김흠돌金欽突과 홍원興元, 진공眞功이 반란을 일으킨 것이다. 김흠돌은 바로 신문왕의 장인이다. 그는 고구려 정벌이 한창이던 661년 7월에 대당장군, 668년 6월에는 대당총관으로 활동했다. 이를 배경으로 태자의 장인이 되어 순탄한 길을 걸었고, 신문왕이 즉위했을 때 관등이 소판^{3등}에 이르렀다. 신라에서 대아찬^{5등} 이상은 대체로 장관급이었으니, 신문왕이 그를 잘 대우한 것 같다. 그런데도 반란을 일으킨 점에서 신문왕이 즉위 직후에 장인이 받아들이기 어려운 조치를 급하게 취한 것으로 보인다.

한편 흥원은 668년 6월에 아찬으로서 기병대 계금당의 총관으로 참전했다. 이해 9월 평양성 함락 직후 당군이 귀국할 때 동행했는데, 당군이 끌고 가는 고구려인 포로를 관리한 것으로 보인다. 신라로 돌아와 670년 7월에는 백제인 토벌에 참여했다. 이때 적군에게 몰려 퇴각한 죄로 사형당할 위기에 처했다가 간신히 풀려나고 관직에서 쫓겨났다. 나중에는 파진찬 지위를 회복해 김흠돌 휘하로 들어갔다.

진공은 668년 6월 일길찬^{7등}으로서 왕명을 받고 웅진도독부의 유인원에게 가 고구려인 소탕을 축하했다. 671년 1월에는 당군이 침공한다는 정보에 따라 대아찬으로서 옹포를 지켰다. 당군이 이곳을 실제로 공격하진 않았지만, 진공이 전략적으로 중요한 작전을 책임질 만큼 중요한 자리에 있었다는 것을 알 수 있다. 신문왕이 즉위할 때는 대아찬이 되어 있었다.

이렇게 김흠돌과 흥원, 진공은 모두 문무왕 대에 높은 지위를 차지했다. 신문왕이 보기에 이들이 높은 관직에 오른 것은 왕에게 은혜를 받았기 때문이다. 사실 통일 전쟁 과정에 공을 세운 사람에게 관직과 포상을 내리는 것은 흔한 일이었다. 신라에서 김흠돌과 진공처럼 대아찬 이상의 관등을 받은 사람은 진골 귀족이었다. 이들과 나란히 활동한 흥원도 마찬가지였을 것이다. 여기까지는 이 세 사람이나 신문왕이나 불만을 느낄 만한 이유가 없다. 그런데 반란 직후인 8월 16일에 신문왕이 내린 교서를 보면, 이들은 날마다 탐욕스러운 뜻을 거리낌 없이 드러내고 포악한 마음을 멋대로 부렸다고 한다. 이권을 지나치게 추구한 것이 왕의 마음에 거슬렸다. 게다가 이들은 주변 세력을 끌어모았고, 궁중에서 왕을 가까이 모시는 관리들과 결탁했다. 이렇게 장인이 광범위한 세력과 결탁해 왕권을 무시할 정도에 이르자, 신문왕은 큰 위협을 느꼈다. 김흠돌의 딸인 왕비가 아들을 낳았다면, 왕과 장인의 관계가 좀 더 원만했을 것이다. 하지만 왕비가 여러 해 동안 아들을 낳지 못해, 이들의 관계가 틀어지는 이유 중 하나가 되었다. 이런 상황에서 김흠돌 세력의 움직임은 신문왕이 묵과할 수 없는 수준에 이르렀고, 이를 방치할 경우 왕권도 위협당할 것이라는 우려가 생겨났다. 이에 신문왕이 억압하려 하자, 김흠돌 세력이 궁궐 내 일부 세력과 연대해 반란을 일으켰다. 이들은 신문왕을 끌어내리고 다른 왕족을 왕위에 앉히려 했다.

신문왕은 상대등 진복真福을 중심으로 군대를 동원해 반란 세력을 신속하게 진압했다. 왕이 동원할 수 있는 모든 부대를 투입했기 때문에 반란 세력은 뜻을 이룰 수 없었다. 사나흘 사이에 주모자와 잔당이 모조리 죽임을 당하거나 체포되었다. 그런데 반란 사건을 조사하는 과정에서 새로운 문제가 불거졌다. 병부령이던 김군관金軍官이 김흠돌의 반란을 사전에 알았다는 사실이 밝혀진 것이다. 군관이 반란에 가담하진 않았다. 하지만 오늘날의 국방부 장관에 해당하는 병부령이 반란의 기미를 알았다면 적극적으로 진압에 나서거나 왕에게 알렸어야 했다. 그의 관등은 이찬으로, 김흠돌보다 높았다. 역시 왕족이던 그가 김흠돌과 친밀한 관계를 유지했기 때문에 반역을 발설하는 데 주저한 것 같다. 그의 선택은 결과적으로 반역이 되었다. 왕은 군관과 그 주변 무리가 국가의 기틀을 흐렸다며 모두 함께 처형했다. 군관의 아들은 강제 자살형을 받았다. 김흠돌이 처형된 직후 그의 딸은 궁중에서 쫓겨났다. 장인을 처형하고 그의 딸인 왕비를 그대로 둘 순 없었을 것이다.

신문왕은 통일 전쟁을 통해 왕권을 안정시킨 할아버지와 아버지의 유산을 받았다. 한편으로는 장군들이 전공을 활용해 지나치게 득세하거나 당에 붙어 왕권을 손상하는 장면도 지켜보았다. 삼국 통일이 왕권의 안정에 도움이 되었지만, 왕권을 위협할 세력을 키운 측면도 있는 것이다. 신문왕은 이에 대비하기 위해 왕권파를 육성했다.

예컨대 진복이 661년 7월에 서당총관이었는데, 668년 6월에는 각간으로서 김흠돌과 나란히 대당총관으로 활동했다. 각간은 원래 최고 관등인 이벌찬을 가리키는 말이다. 통일 전쟁이라는 특수 상황에서 그 위에 대각간이 설치되고, 그 밑에 여러 각간이 임명되어 일종의 인플레 현상이 일어났다. 결국 진복이 하는 일은 대아찬 김흠돌과 같지만 관등은 그보다 훨씬 높았다. 문무왕은 자신이 죽으면 아들이 안정적으로 통치할 수 있도록 보위를 부탁한 것 같다. 그리고 신문왕은 즉위하자마자 그를 상대등으로 임명했다.

683년에 중시가 된 순지順知도 신문왕을 지지한 인물이다. 중시는 왕명에 따라 기밀 사무를 집행하는 집사부의 장관이었다. 이해에 신문왕이 김흠운金歆運의 딸을 왕비로 들였다. 김흠운은 내물왕의 8세손으로,

655년 조천성 전투에서 백제군과 싸우다 죽었다. 그만큼 충성심이 깊고 왕실과 돈독한 관계였던 것 같다. 683년에 그의 딸은 최소한 29세로, 당시로서는 대단히 늦게 결혼한 셈이다. 하지만 이미 문무왕 5년인 665년에 태자가 된 신문왕도 최소한 그 이상의 나이였고, 왕권의 안정을 위해서라면 이 정도는 문제가 되지 않았다.

진복과 순지는 신문왕의 즉위와 함께 왕권파가 되었다. 강한 왕권을 추구했다는 점에서 전제 왕권파로 볼 수 있다. 이들의 세력이 강해질수록 김흠돌 세력은 위협을 느꼈다. 진골 귀족이 누리던 관직상 특혜와 경제적 이익을 적잖이 잃은 것에 대한 불만이 극에 달하면서 김흠돌이 세력을 규합해 사위인 왕을 상대로 쿠데타를 시도한 것이다. 하지만 신문왕은 반란을 빨리 진압해 전제 왕권을 확립할 수 있었다. 할아버지 무열왕이 느끼던 진골 왕의 한계는 옛일이 되었다. 이제 신문왕은 새로운 차원의 왕권을 도모할 수 있게 되었다.

천하를 통일한 제국 만들기

신문왕은 김흠돌의 반란을 진압하고도 매우 착잡했을 것이다. 심정적인 면뿐만 아니라 현실적인 면에서도 우려가 컸다. 김흠돌이 반란을 선택한 배경에는 왕권파를 제압할 만하다는 자신감이 있었기 때문이다. 신문왕은 이런 반란이 일어날 만한 싹을 미리 잘라야 했다.

반란을 진압하고 2개월 뒤인 681년 10월, 신문왕이 시위부의 감監을 없애고 여섯 장군을 두었다. 651년에 설치된 왕의 경호 기구인 시위부의 장군은 관등이 급찬부터 아찬까지였다. 시위부 장군이 기존 감보다 관등이 약간 높은 데다 인원이 크게 늘었다. 쿠데타를 겪은 신문왕이 신변 안전을 가장 중시한 결과다.

신문왕은 중앙군인 서당도 개편했다. 왕과 국가에 충성을 맹세한 깃발을 뜻하는 서당은 왕에게 직속된 중앙군이었다. 진평왕 대부터 문무왕 대까지 설치된 네 서당은 옷깃의 색깔로 구분했다. 부대원은 원래 신라인이었지만, 672년에 편성된 백금서당은 백제 유민으로 구성되었다. 신문왕은 682년부터 687년까지 서당을 신설하고 그 구성원의 폭을 크게 넓혔다. 청금서당은 백제 유민, 황금서당은 고구려 유민, 벽금서당과 적금서당은 보덕국 유민으로 구성하는 식이었다. 말갈 백성도 따로 모아 흑금서당을 만들었는데, 이들은 원래 고구려에 속했다가 신라 백성으로 편입되었다. 이렇게 9서당이 완성되었다.

신문왕이 서당을 확대한 데는 나당전쟁 이후 당의 위협에 대응한다는 뜻도 있었다. 신라 출신 외에 백제, 고구려, 보덕국, 말갈의 유민을 포함한 것은 눈에 띄게 획기적인 조치다. 중앙군을 외국인 출신으로 구성한다는 것이 바람직하지는 않지만, 이를 통해 왕 직속 군사력을 크게 확대할 수 있었다. 또한 신라가 멸망시킨 나라의 유민에게 신라인이라는 의식을 불어넣는 데 도움이 되었다. 즉 9서당의 완성은 중앙군 차원에서 삼국 통일의 완성을 상징했다.

하지만 삼국 통일의 실질적인 내용은 영토 확장이다. 나당전쟁 직후 신라는 대체로 임진강 이남을 차지하고 있었다. 평양의 안동도호부가 요동으로 옮겼지만, 당이 평양 이남을 신라에게 주겠다는 약속은 실천하지 않았다. 당은 토번에 집중하려고 평양 일대를 포기했을 뿐, 신라에 대한 압박을 포기하지 않은 것이다. 이런 상황에서 신라는 임진강 이남만을 실효적으로 지배하고 있었다. 신문왕은 불완전하게나마 통일된 삼국의 영토를 체계적으로 재편했다. 가장 큰 줄기는 전국을 주州로 재편한 것이다. 신라에서는 505년부터 실직주를 시작으로 여러 지역에 주가 설치되었다. 신문왕이 즉위할 때는 모두 일곱 주가 운영되고 있었는데, 685년에 완산주전주와 청주菁州·진주를 더해 9주를 완성했다. 이 중 일선주·삽량주양산·청주는 원래 신라 땅이고, 웅천주공주·완산주·발라주나주는 백제 땅이었다. 백제의 마지막 수도에 사비주가 있었으나, 이를 군郡으로 강등하고 웅천주를 세운 것이다. 백제 지배 세력의 권위를 깎아내리는 조치였다. 한산주하남·수약주춘천·하슬라주는 고구려 땅이었으니, 삼국의 땅에 각각 세 주를 설치해 완전한 통일을 드러낸 셈이다.

원래 주는 중국의 전설적 제왕인 우공禹貢이 천하를 나눈 구역으로 전한다. 하지만 중국에서 전국적으로 주를 편성한 시기는 한漢 대고, 신문왕 대 당의 광역 통치 구역은 도道다. 따라서 신문왕의 9주 편성은 신라가 중국의 하夏처럼 최초로 천하를 통일한 나라라고 대내외에 과시한 셈이다. 이를 통해 신라가 상징적으로는 일개 왕국이 아니라 삼국을 통일한 제국에 준하는 위상을 갖게 되었다. 이에 걸맞은 왕권의 위상을 확보하려면 자발적 충성을 이끌어 낼 필요도 있었다. 이를 강조하는 사상은 단연 유교다. 고구려는 태학이라는 학교가 유교를 가르쳤지만, 신라에는 유교가 지배층의 교양으로만 존재했다. 김춘추가 당에 간 648년에 유교 교육기관인 국학을 둘러본 적이 있는데, 651년에 신라에도 국학의 일부 조직이 만들어졌다. 김춘추가 한몫을 했지만, 신라가 통일 전쟁 중이라 번듯하게 운영하기는 어려웠던 것 같다. 그래도 국학이 계속 존재했는데, 682년 6월에 신문왕이 국학을 새로 설립했다. 김흠돌의 반란을 겪고 10개월 만이었다. 국학은 왕과 국가에 대한 충성을 강조하는 무대가 되었다.

왕권을 견제하는 진골 귀족에게는 녹읍이라는 경제적 기반이 있었다. 녹읍은 녹봉 대신 세금을 걷어 먹으라고 관리에게 준 고을이다. 삼국 통일이 이루어졌을 때, 전국적으로 녹읍의 비중이 적지 않았을 것이다. 통일 전쟁을 이끈 김유신은 적어도 2000여 호 이상의 녹읍을 받았다. 2000가구의 세금이라면 막대한 금액이다. 녹읍에서는 노역도 징발할 수 있었다. 목숨을 건 통일 전쟁 중에는 이런 혜택이 당연하게 받아들여졌지만, 시간이 흐르면서 녹읍은 국가 재정을 좀먹었다. 하지만 통일 공신들이 살아 있을 때는 이를 쉽게 손볼 수 없었다.

녹읍 문제를 해결한 사람이 바로 신문왕이다. 687년 5월에 그가 관리에게 녹읍 대신 관료전을 지급했다. 관리의 급료를 백성의 토지에서 거두는 방식은 그대로였다. 하지만 관료전으로 지급되는 토지가 줄었고, 노동력을 징발할 수 없게 되었다. 이런 제도를 일거에 시행하면 불만이 커질 수도 있기 때문에, 관료전은 한동안 녹읍과 공존했다. 그러다 689년에는 모든 관리의 녹읍을 관료전으로 대치했다. 녹읍의 폐지는 왕에게 대항할 수 있는 진골 귀족을 경제적인 면에서 미리 차단한 것이다.

신문왕이 9서당과 9주를 편성하면서 신라가 상징적으로는 통일 제국

신문왕릉
신문왕은 진골 왕의 한계를 극복하고 전제 왕권을 확립했다.

의 위상을 갖게 되었다. 신문왕과 신하들은 삼한, 즉 삼국을 통일했다는
자부심이 있었다. 무열왕이 죽은 뒤 그 공을 기려 붙인 '태종'이라는 호
칭을 두고 692년에 당이 자국의 태종과 같은 이름을 바꾸라고 요구한
일이 있다. 이때 신문왕이 삼국 통일의 기반을 닦은 무열왕의 공적을
내세워 당의 입을 막을 수 있었다. 그동안 추진한 왕권 강화와 9서당,
9주의 편성이 설득력을 더한 것은 두말할 나위가 없다.

만파식적에 담긴 비밀

신문왕은 삼국 통일의 품격을 높이고 내용을 채우는 데 심혈을 기울

였다. 이렇게 한반도에서 당군을 축출한 아버지 문무왕을 본받은 정책을 편 것은 두 왕을 연결한 전설까지 낳았다. 문무왕이 생전에 왜병을 물리친다는 뜻에서 동해안의 감포에 사찰 건설을 추진했다. 신라의 건국 초기부터 자주 출몰한 왜병은 대개 소규모 약탈을 저질렀지만 때로 도성을 위기에 빠뜨리기도 했다. 문무왕은 왜병의 출몰을 막는 것으로 삼국 통일에 이어 마지막 위업을 이루려 했다. 그래서 자신이 죽으면 유골을 동해에 뿌려 달라고 유언했다. 681년에 문무왕이 사망하면서 그의 유언이 지켜졌다. 또 건설 중이던 사찰은 이듬해에 신문왕이 완성해 감은사感恩寺라고 불렀다. 문무왕이 삼국 통일을 이루게 한 부처의 은혜에 감사한다는 뜻이다.

682년 5월 1일, 동해에 작은 산 하나가 떠서 감은사를 향해 온다는 보고가 있었다. 점치는 일을 맡은 관리 김춘질金春質이 이를 두고 풀이하기를, 바다의 용이 된 문무왕과 33천天의 아들이 된 김유신이 신문왕에게 보물을 바칠 징조라고 했다. 용은 유교에서 중시하는 상상의 동물로, 악한 자에게는 파괴력을 보이며 정의로운 지배자에게는 권위를 부여하고 물에서는 생명력의 원천을 상징한다. 그리고 33천은 불교에서 세상의 중심에 있다고 말하는 수미산 꼭대기에 사는 신들로, 깨달음을 얻은 이 신들의 아들은 천신을 뜻한다. 그렇다면 삼국 통일을 이룬 문무왕과 그 문을 연 김유신이 각각 유교와 불교의 화신으로서 나타난 셈이다. 신문왕이 유교적 통치를 완성하고 불교로 국가를 안정시키려고 한 사실에서 나온 이야기라는 것을 알 수 있다.

김춘질의 말에 따라 신문왕이 5월 7일에 수레를 타고 감은사를 지나 동해안의 이견대로 향했다. 과연 바다에 산이 있는데, 모양이 거북의 머리 같았다. 그리고 그 위에 있는 대나무가 낮에는 둘이 되고 밤에는 하나가 되었다. 이날 왕이 감은사에서 묵었는데, 다음 날 낮에 대나무가 그 전과 달리 하나였다. 천지가 진동하고 비바람이 몰아쳐 7일 동안이나 어둡다가 바람이 잦아들고 물결도 잔잔해졌다. 왕이 배를 타고 그 산에 들어갔더니, 용이 검은 옥대玉帶를 바치면서 대나무로 피리를 만들어 불면 천하가 태평할 것이라고 말했다. 손뼉을 부딪쳐야 소리가 나듯 대나무도 합한 뒤에야 소리가 난다고도 했다. 그 피리로 화합의 소리를 만들어 내라는 것이었다. 삼국 통일과 왕권 강화 과정에서 주인공이 된 사람들과 해를 입은 사람들 사이에 화합을 이루라는 정치적 의미가 담

이견대
신문왕이 이 부근의 바다에서 용으로부터 옥대와 함께 만파식적의 재료인 대나무를 받았다고 전한다.

긴 말이었다. 물론 삼국 통일의 주인공인 김유신과 문무왕이 힘을 모아 신문왕을 보호한다는 뜻도 있었다. 유교에서 통치 행위에 필요한 예의를 음악으로 표현한다는 점을 생각하면, 용이 말한 피리 소리는 유교적 음악을 상징한다.

한편 옥으로 장식한 허리띠인 옥대는 경주 대릉원의 돌무지덧널무덤에서도 발견되었다. 이런 부장품을 통해 왕의 허리띠를 옥으로 장식하는 것이 오랜 전통이었음을 알 수 있다. 579년에 천사가 나타나 진평왕에게 준 상제上帝의 옥대를 신라에서 국가적 보물로 소중하게 관리하다 경순왕敬順王이 왕건에게 바쳤다는 이야기도 있다. 이 옥대가 신문왕이 즉위할 때도 존재했지만, 삼국 통일을 이룬 왕의 권위를 충분히 드러낼 수 없다고 여긴 것으로 보인다. 결국 용이 옥대를 바치는 장면을 통해 신문왕은 새로운 차원의 권위를 보장받았다.

왕은 용에게 들은 대로 대나무를 베어 피리를 만들게 해서 월성의 보물 창고인 천존고에 간직했다. 그 뒤 이 피리를 불면 적병이 물러가고 병이 나았다고 한다. 가뭄에는 비가 내리고 장마는 그치며 바람은 잦아들고 물결은 잔잔해지는 신통력을 발휘했다는 것이다. 그래서 모든 파도를 잔잔하게 만드는 피리라는 뜻으로 이름을 만파식적萬波息笛이라고 했다. 효소왕孝昭王 대인 693년에는 이름을 만만파파식적으로 바꾸었더니, 사람들을 불안하게 하던 혜성이 곧 사라졌다고 한다. 사실 혜성은 가만히 있어도 사라지지만, 사람들은 피리의 영험에 관심을 두었다. 그 뒤 만파식적은 민간에서 만들어져, 일제강점기에도 이 피리를 만들어 파는 사람들이 있었다.

신문왕은 김흠돌의 반란을 진압해 왕권을 안정시키고, 삼국 통일에 걸맞은 지배 체제를 완성했다. 그리고 이런 정책의 정당성을 내세우는 데 소환된 인물이 김유신과 문무왕이다. 감은사의 조성과 신문왕의 동해안 행차를 기회 삼아 하늘에서 내린 만파식적 이야기는, 호국이라는 거부할 수 없는 가치로 신라 왕가의 권위를 더 굳건히 했다.

10

경덕왕, 중대 왕권의 안위를 근심하다

한화 정책의 전말

신문왕이 전제 왕권을 확립한 비결은 삼국 통일이라는 위업의 권위를 이어받아 지배 체제를 완성한 데 있다. 그런데 시간이 흐르면서 삼국 통일은 역사를 움직이는 동력이 아니라 과거의 유산이 되었다. 왕권도 안정과 위기의 변곡선을 그리기 시작했다. 이런 변화의 기점에 직면한 주인공이 경덕왕景德王이다.

신문왕 대 이후 왕위 계승은 비교적 안정적이었다. 692년에 신문왕이 세상을 떠난 뒤 장남인 효소왕이 왕위를 이었다. 700년에 이찬 경영慶永이 반역을 꾀하다 죽임당한 점에서, 왕권에 대항하는 진골 귀족이 여전히 존재한 것 같다. 하지만 이 사건은 나라를 뒤흔들 만한 사태로 발전하지 않고, 중시인 김순원金順元이 파면되는 선에서 일단락되었다.

효소왕에게는 아들이 없었기 때문에 동생인 성덕왕聖德王이 즉위했다. 성덕왕은 722년에 백성들에게 처음으로 정전을 지급해 민생 안정과 원활한 세금 징수를 동시에 추구했다. 735년에는 당으로부터 대동강 이남에 대한 지배권을 인정받아 삼국 통일의 성과를 공식적으로 확인했다. 711년에 「백관잠百官箴」이라는 글을 지어 신하들이 지켜야 할 도리를 밝히고, 732년에는 각간 사공思恭과 이찬 정종貞宗 등 측근들에게 장군 칭호를 주며 충성을 다짐하게 했다. 장군은 681년 김흠돌의 난을 진압한 신문왕이 경호 기구인 시위감에 둔 직책이다. 대내외의 안정 속에서 전제 왕권을 무난히 유지한 셈이다.

그런데 성덕왕의 아들인 효성왕孝成王의 국정 운영은 순탄하지 않았다. 성덕왕을 받들던 측근들의 영향력이 문제였다. 효성왕은 원래 박씨와 결혼했는데, 739년에 성덕왕의 장인이기도 한 김순원의 딸을 비로 삼았다. 게다가 파진찬 영종永宗의 딸도 후궁이 되었다. 효성왕이 이 후궁을 아주 사랑하자, 김순원의 딸인 혜명왕후惠明王后가 집안사람들과 공모해 후궁을 죽이려 했다. 이에 불만을 느낀 영종이 반역을 꾀하다 죽임을 당했다. 외척 간 갈등이 통제되지 못한 것이다. 효성왕은 741년 4월에 대신들과 쇠뇌 부대를 사열하는 등 왕권의 안정을 꾀했으나, 이듬해에 아들 없이 세상을 떠났다. 그 뒤 즉위한 왕이 효성왕의 동생, 경덕왕이다.

경덕왕은 일찍부터 정치에 참여했다. 파진찬 자리에 있던 739년에 태자가 되어 정치 수업을 받았고, 영종이 반란을 일으키는 장면을 지켜보았다. 왕비와 후궁 사이의 질투가 발단이지만, 왕권이 안정되었다면

신라 중대 왕실 계보

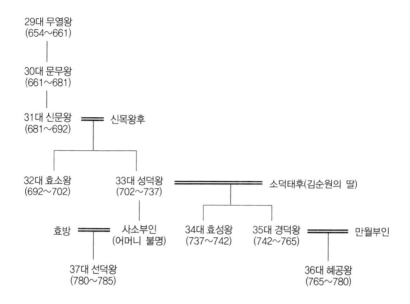

있을 수 없는 일이었다. 경덕왕이 즉위하는 데 장인인 김순정金順貞의 가문이나 효성왕의 장인이자 외조부인 김순원 가문의 지지가 적지 않게 작용했다. 이런 외척의 지지가 고맙지만, 왕권을 행사하는 데 부담이 되는 면도 있었다. 이에 경덕왕은 후계자를 미리 정하는 것이 왕권의 안정을 위한 급선무라고 여기게 되었다.

하지만 경덕왕의 첫째 비 삼모부인三毛夫人이 여러 해가 지나도록 아들을 낳지 못했다. 즉위 2년 만인 743년 즈음 경덕왕이 부인을 궁에서 내보내고 사량부인沙梁夫人이라 칭했다. 김순정 집안을 고려한 조치다. 사량은 신라가 건국할 때 중심지였고, 경덕왕 대에는 별궁이 있었다. 새로 들인 비는 서불한 김의충金義忠의 딸 만월부인滿月夫人이다. 김의충은

739년에 이찬으로서 중시를 맡은 뒤 서불한 자리에 올랐다. 그런데 김의충이 김순정의 아들이니, 만월부인도 첫 비와 같은 집안 출신이다. 김순정 집안의 영향력이 여전한 것이다. 경덕왕은 이 집안의 후광에서 벗어나기를 바랐다. 745년 7월에 경덕왕이 동궁을 수리했다. 동궁은 궁궐의 동쪽 건물로, 태자의 거처를 가리킨다. 그리고 동쪽은 해가 떠오르는 방향이라 왕이 될 사람을 상징한다. 태어나지도 않은 태자를 위해 동궁을 수리했으니, 후계자를 바라는 경덕왕의 마음이 현실보다 한참 앞서 있었다. 그만큼 왕권의 안정을 무엇보다 중시한 것이다. 여전히 태자가 없던 752년에 동궁의 부속 관청을 둔 이유도 마찬가지다.

경덕왕의 정치도 왕권의 안정을 향하고 있었다. 그가 747년에 중시라는 관직명을 시중으로 고쳤다. 중시는 총리인 상대등보다 낮지만 왕의 기밀 사무를 맡는다는 점에서 중요한 자리였다. 당에서는 시중이 황제를 보좌하고 국정을 총괄하는 수상이었다. 경덕왕이 기존 중시와 기능이 같은 시중을 두었지만 당의 황제에 버금가는 권위를 추구했다.

왕권의 안정을 위해서는 관리의 활동에 대한 통제도 중요했다. 747년에 사정부를 정비한 것은 관리에 대한 감찰을 강화하기 위한 조치였다. 이듬해에는 사정부에 '정찰'이라는 벼슬을 두고 관리의 잘못을 바로잡게 했는데, 외척을 포함해 왕권을 제약하는 세력을 견제하는 효과도 노린 것이다. 이 무렵 국학에 박사와 조교를 두고 그 기능을 강화한 것도 왕에 대한 충성을 강조하기 위한 조치다. 당시 국학에서 중시한 과목이 충성과 효도를 강조하는 『논어論語』와 『효경孝經』이기 때문이다.

하지만 당시 정세가 녹록지 않았다. 일본과는 처음부터 관계가 좋지 않았다. 경덕왕이 즉위한 742년 10월에 일본에서 사신이 왔지만, 경덕왕이 받아들이지 않았다. 성덕왕 대인 731년에 일본이 배 300여 척으로 신라를 공격한 것에 대한 보복이었다. 753년에도 일본 사신이 왔으나, 이들도 오만하고 예의가 없다는 이유로 만나지 않고 돌려보냈다. 761년에는 일본이 다시 신라 정벌을 추진했다. 정벌이 실행되지는 않았어도 신라로서는 부담스러운 일이었다.

신라는 8세기 초부터 당과 우호 관계를 회복했다. 733년에 당 현종玄宗이 발해를 견제하려고 신라에 발해의 남쪽을 공격하라고 요구했다. 신라가 이를 받아들이면서 양국의 우호 관계는 강화되고, 발해와는 관계가 악화되었다. 일본의 신라 공격은 발해가 당과 신라에 대항하기 위해 일본과 밀착한 결과이기도 했다. 이런 상황에서 신라는 당과의 관계를 중시할 수밖에 없었다.

그런데 755년에 당에서 안녹산安祿山의 난이 일어나, 현종이 양귀비楊貴妃와 촉蜀 지역쓰촨으로 피난해야 했다. 당과의 우호 관계가 중요한 신라로서는 적지 않은 위기였다. 755년에 망덕사의 탑이 흔들렸다는 것이 위기의식을 반영한다. 망덕사가 당 황제의 덕을 칭송한다는 명목으로 지어졌기 때문이다. 경덕왕은 촉 지역까지 사신을 보내 당과의 우호 관계를 확인했지만, 대외적 긴장을 완화하기에는 부족했다. 게다가 신라 내부에서도 어려운 상황이 이어졌다. 754년부터 755년까지 가뭄이 심해 계속 흉년이었다. 곡식이 귀해져 굶주린 백성이 넘쳐 났다. 755년 봄에 웅천주의 향덕向德이라는 사람은 부모를 봉양할 수 없게 되자 자기 다리에서 베어 낸 살을 요리해 아버지에게 드렸다고 한다. 이 소식을 들은 경덕왕은 그에게 많은 상을 내리고 마을에 정려문을 세워 주었다. 당시 정부는 불쌍한 사람들을 위문하고 곡식을 차등 분배했다. 기근으로 민심이 흉흉해지면 국가를 유지하는 것 자체가 힘들어지기 때문이었다.

경덕왕이 개혁에 성공하려면 최고 지배층인 진골의 협조가 꼭 필요했다. 그런데 진골들이 신문왕 대에 폐지된 녹읍의 부활을 꾸준히 주장했다. 재정이 악화된 상황에서 이들의 요구를 모두 수용할 순 없지만 무시할 수도 없었다. 결국 757년에 경덕왕이 녹읍을 부활했다. 진골에게 최소한의 특권을 허락해 개혁 정치에 협조토록 한 것이다. 당시 녹읍에서 고위 관료들이 취한 금전이나 노동력은 신문왕 대 이전에 비해 적었을 것으로 추정된다.

경덕왕은 진골의 요구에 따라 녹읍을 부활한 대신 새로운 개혁을 추진했다. 같은 해 12월에 전국의 지방 행정구역을 개편한 것이다. 신라의 지방 행정구역은 신문왕 대에 완성된 9주 5소경을 기본으로 삼았다. 다만 9주의 관할구역이 117군 293현으로 정비되었다. 옛 고구려, 백제 지역에 대해서도 같은 원칙으로 촌락들의 관계를 재조정했다. 이는 지방에 대한 중앙정부의 지배력을 강화하기 위한 조치였다.

사실 큰 변화는 행정구역의 이름에 있었다. 기존 지명은 고유어를 기본으로 삼았는데, 경덕왕이 이를 모두 비슷한 뜻의 한자로 고쳤다. 예를 들면, 사벌주沙伐州를 상주尙州로 고쳤다. 비슷한 음의 한자를 쓰다 뜻이 좋은 한자로 바꾼 것이다. 수주군을 예천군으로, 달구화현을 대구현으로 고친 것도 비슷한 경우다. 음을 중심으로 조정한 경우가 있고,

옛 지명의 뜻을 담은 한자로 바꾼 경우도 있다. 긴 지명은 두 글자로 통일했다. 삼년산군三年山郡을 삼년군으로 바꾼 것이 대표적이다. 부정적인 뜻의 지명은 긍정적인 뜻으로 고쳤다. 가해현加害縣은 남에게 해를 끼친다는 뜻이니, 아름다운 선행을 베푼다는 뜻을 담아 가선현嘉善縣으로 바꿨다. 이렇게 전국의 지명을 한자식을 바꾼 것은 지방행정을 통일적으로 운영하기 위한 조치였다. 여기에 한식漢式, 즉 중국식 우아한 표현을 써서 전국적으로 왕권을 과시하는 효과를 노렸다. 경덕왕이 추진한 행정구역 명칭의 개혁은 왕조가 바뀐 뒤에도 유지되었다. 이때 나타난 지명이 현대 지명의 뼈대가 된 것이다. 그가 지명의 역사에서 혁명가로 남았다. 획일적인 지명은 행정의 효율 면에서 유리하다. 하지만 기존 고유어 지명에 담긴 뜻은 잊었다. 뜻이 같은 한자로 바꾼 경우에는 그나마 의미가 보존되지만, 대부분의 고유어 지명은 발음만 남고 의미는 잊혔다. 언어의 중요성을 생각하면, 경덕왕이 역사적으로 중대한 결정을 너무 가벼운 동기로 감행했다.

경덕왕은 관직명에도 비슷한 조치를 내렸다. 신문왕 대 이래 관리의 직급은 영令, 경卿, 대사大舍, 사지舍知, 사史였다. 영은 장관급, 경은 차관급 또는 국장급에 해당하며 그 아래는 중간 간부와 실무자였다. 이 중 영은 그대로 두고, 병부와 창부의 경은 시랑으로, 대사는 낭중으로, 사지는 원외랑으로, 사는 집사랑으로 바꿨다. 고유어가 포함된 기존 관직명을 모두 당의 관직 체계로 바꿨다. 전제 왕권을 유지하려는 소망을 담아 관직명에도 한화漢化, 즉 중국화 정책을 적용한 것이다.

경덕왕의 한화 정책은 국가기구와 지방 행정구역을 효율적으로 운영하는 데 목표를 두었다. 관리들이 대체로 협조했으며 형식적으로는 상당한 성과가 있었다. 하지만 일부 진골이 왕권에 대항해 독자적인 세력을 키우고 있었다. 한화 정책의 궁극적인 목적이 전제 왕권의 재확립이라면 본질적으로는 성공했다고 보기 어렵다. 경덕왕은 왕권의 안정을 위해 전제 왕권의 형식을 강화했을 뿐이다.

충담의 「안민가」에 담긴 뜻

경덕왕은 24년간 재위하면서 전제 왕권을 유지하고 국가를 안정시키는 데 온 힘을 기울였다. 제도적인 면에서는 성과가 있었으나, 이에 반발하는 세력이 적지 않았다. 이런 어려움을 극복하기 위해 불교에 관심이 많은 그가 유명한 승려들에게 조언을 구했다. 이런 노력이 충담忠談의 「안민가安民歌」에 녹아들었다.

『삼국유사』에 따르면, 경덕왕의 재위 말년인 765년에 5악과 3산의 신들이 대궐의 뜰에 나타나 경덕왕을 모셨다고 한다. 5악은 토함산, 지리산, 계룡산, 태백산, 부악팔공산 등 전국의 대표적인 산이었다. 신라는 국가적인 차원에서 이 산들에 제사를 지냈다. 그리고 이보다 등급이 높은 제사의 대상이 경주 인근의 3산이었다. 죽음이 얼마 남지 않은 상황에서 안정된 국가에 대한 애착 때문에 이 산들의 신을 본 것이다. 이는 그동안의 통치에 대한 회한과 신라의 운명에 대한 불안을 나타낸 것이기도 했다.

이해 3월 3일, 즉 삼짇날에 경덕왕이 궁궐 서쪽의 귀정문 누각에 올랐다. 여기서 주변을 둘러보던 왕이 차림새가 위엄 있는 승려를 길에서 데려오라고 신하들에게 명령했다. 신하들은 행색이 말끔한 고승을 데려갔으나, 왕은 그냥 돌려보냈다. 잠시 후 남루한 승복에 짐 통 하나만 지고 지나가던 승려가 불려 왔다. 통에는 차를 우리는 데 쓰는 다구만 들어 있었다. 왕은 이 승려가 진정 위엄 있다면서 반겼다. 그가 충담인데, 경주 남산 삼화령의 미륵세존에게 차를 우려 드리고 돌아오는 길이었다. 삼짇날은 강남 갔던 제비가 돌아오는 날로, 신라 불교에서는 이날 부정을 타지 않게 제사를 지냈다고 한다. 왕이 그에게 부탁해 차를 우려 함께 마셨다. 그리고 향가로 유명한 충담에게 왕이 백성을 편안히 다스릴 수 있게 하는 향가를 지어 달라고 청했다. 충담이 이 자리에서 지어 바친 노래가 「안민가」다. 이 노래에서 임금은 아버지요, 신하는 어머니요, 백성은 어리석은 아이라 했다. 왕이 이 땅을 버리고 갈 때 나라가 태평하려면 임금과 신하와 백성이 모두 자기 본분을 다해야 한다는 것이다. 지극히 당연한 말이지만, 경덕왕은 이 말을 아름답게 여겨 아주 고마워했다. '안민'은 백성을 편안하게 한다는 뜻이다. 왕이 향가를 부탁한 동기를 뒤집어 생각하면, 현실에서 왕이 백성을 편안히 다스리지 못한다는 뜻이다.

경덕왕의 주변에는 전제 왕권을 찬성하는 세력이 있었다. 756년에 재앙이 자주 나타나자 시정의 잘잘못을 따져 왕에게 인정받은 상대등 김사인金思仁이 그 대표적인 인물이다. 757년에 상대등이 된 신충信忠은 전국의 지명을 한자식으로 바꾸는 작업을 주도했다. 대나마 이순李純은 왕의 총애를 받다가 승려가 되었는데, 왕이 풍악을 좋아한다는 말을 듣고 찾아가 간언을 했다. 중국의 전설적인 제왕들이 술과 여자에 빠져 음탕한 음악을 좋아하다 망했으니, 왕이 허물을 고쳐야 한다면서 앞에 가던 수레가 엎어지면 뒤의 수레도 마땅히 조심해야 한다는 것이다. 이 말을 들은 경덕왕은 풍악을 그치고, 이순에게 불교의 오묘한 이치와 나라 다스리는 방법을 며칠 동안이나 들었다고 한다.

그 반면 왕권 강화에 부정적인 세력도 있었다. 외척인 김순정 가문이 대표적이다. 그의 딸 삼모부인이 아들을 낳지 못해 비 자리에서 물러났지만, 14년 뒤인 754년에 49만 근이나 되는 황룡사 종을 제작할 때 대표적인 시주자 명단에 이름을 올렸다. 김순정의 손자이며 김의충의 아들인 김옹金邕은 760년부터 시중을 맡다가 4년 만에 물러났지만, 혜공왕대까지 병부령 같은 고위 관직을 두루 거쳤다. 764년에 시중에 오른 김양상金良相은 경덕왕의 조카로서 왕을 보위하는 자리에 있었지만, 뒤에서는 자신의 세력을 키웠다. 이들은 진골 귀족파로서 전제 왕권파와 대립했다. 경덕왕이 재위하는 동안 이들이 들고일어나지는 않았다. 하지만 경덕왕은 언제나 왕권에 집착했다. 754년에 성덕왕비를 세운 것도 그 때문이다. 시기는 분명하지 않지만, 성덕대왕신종을 제작할 때는 구리 12만 근을 제공했다. 이렇게 아버지를 추모하는 사업은 왕권 안정에 대한 갈망의 표현이었다. 그리고 끊임없이 표현하는 만큼 이 갈망이 실현되지 못했다는 것을 알 수 있다. 충담은 향가를 통해 왕이 조바심을 갖지 말고 도리를 다하도록 조언하며 신하들에게도 맡은 임무에 충실하고 국정을 합리적으로 운영하도록 당부한 것이다.

그런데 승려인 충담이 지은 「안민가」에 불교적인 내용이 거의 보이지 않는다. 왕과 신하와 백성에게 직분에 충실하게 임하라는 것은 유교적이다. 사실 경덕왕은 유교 정치를 강조하면서 개인적으로는 불교에 의존했다. 751년부터는 김대성金大城을 통해 불국사 건립을 추진했다. 이 절이 혜공왕 대인 774년에 완공되었는데, 『삼국유사』에는 김대성이 부모를 위해 지었다고 전한다. 하지만 막대한 건축비를 생각하면 경덕왕의 지원이 있었을 것이다. 석조 예술의 절정을 보여 주는 인공 석굴인 석불사석굴암도 경덕왕의 전폭적인 지원 없이는 나올 수 없었다. 경덕왕이 전세前世의 부모를 위해 지었다는데, 이런 사업에 나랏돈이 적지 않게 들어갔을 것이다.

경덕왕은 행색이 초라해도 승려로서 임무에 충실한 충담을 왕사로 추대하려 했다. 왕사는 왕의 공식적인 스승이니, 승려로서는 최고의 지위였다. 하지만 그는 왕의 제의를 정중히 사양했다. 충담은 왕이 형식적인 사업으로 신하와 백성에게 지지를 호소하지 말고 마음으로 감화를 주도록 조언한 셈이다.

간절히 바란 태자를 얻었으나

경덕왕은 아들을 빨리 얻어 후계자로 삼겠다는 의지가 강했지만 쉽지 않은 일이었다. 사실 신라의 많은 왕이 아들을 보지 못하고 세상을 떠났다. 이 경우에는 대체로 동생이나 조카가 왕위를 계승했다. 경덕왕은 자신도 효성왕의 동생으로서 즉위했기 때문에 반드시 아들에게 왕위를 물려주려고 했다. 이런 집착 때문에 허황된 이야기가 떠돌았다. 그중 대표적인 것이 경덕왕의 성기가 여덟 치, 즉 24센티미터나 되었다는 이야기다. 한 자 다섯 치였다는 지증왕보다는 덜하지만 비현실적이기는 마찬가지다.

첫 왕비인 삼모부인이 아들을 낳지 못해 궁에서 쫓겨났기 때문에 경덕왕은 새로 맞은 만월부인에 대한 기대가 컸다. 하지만 만월부인도 여러 해가 지나도록 아들을 낳지 못했다. 이에 왕은 불국사의 승려 표훈表訓을 불러 만월부인이 아들을 낳도록 상제에게 청해 달라고 부탁했다. 『삼국유사』에 따르면, 표훈이 하늘에 올라가 상제에게 이 부탁을 전했다. 그런데 상제가, 딸을 낳는 것은 가능해도 아들을 보게 하는 것은 합당하지 않다고 답했다. 표훈이 돌아와 이 말을 전하니, 왕은 딸을 아들로 바꿔 달라고 다시 부탁했다. 이 말을 전해 들은 상제는, 그렇게 하면 나라가 위태로워진다고 했다. 이 일로 천기를 누설했으니 다시는 찾지 말라는 것이었다. 이를 들은 왕은 나라가 위태로워져도 아들을 얻어 왕위를 잇는 편이 낫다고 말했다. 그러고 나서 758년에 만월부인이 아들을 낳았다는 것이다. 왕비가 되고 15년 만이었다.

기나긴 세월 동안 후계자 문제로 근심하다 아들이 태어났으니, 경덕왕은 말할 수 없이 기뻤다. 나라가 위태로워진다는 것은 눈에 보이지 않는 위험이고, 아들이 태어난 것은 손에 잡히는 기쁨이었다. 마침 전국의 지명을 한자로 바꾸는 정책을 적극적으로 시행하고 있던 경덕왕은 이런 사업이 나라를 안정시킨다고 믿은 것 같다. 아들 건운乾運이 빨리

자라 왕으로서 능력을 갖추길 바랐다. 760년 7월에 아들을 태자로 삼았다. 이때 건운은 세 살, 통치 능력을 판단하기에는 이른 나이다. 사실 태자는 왕으로서 갖춰야 할 유교적 교양을 쌓는 데는 소질을 보이지 않았다. 언제나 여자들이 하는 장난을 치고, 비단 주머니를 차고 다니며 놀았다. 이 때문에 태자 책봉에 반대하는 의견도 적지 않았던 것 같다. 하지만 왕은 이를 무시했고, 표훈이 전한 경고가 현실이 되었다.

『삼국유사』에 따르면, 760년 4월 1일 경주에 두 해가 나란히 떠서 열흘 동안 사라지지 않았다. 점치는 관리는 유명한 승려에게 청해 꽃 뿌리는 의식을 치르면 변괴가 사라질 것이라고 말했다. 이에 경덕왕이 월명사月明師를 초청해 그 의식에 필요한 노래를 짓도록 했다. 그래서 지어진 것이 「도솔가兜率歌」다. 이 시는 궁궐에서 푸른 구름을 향해 한 송이 꽃을 뿌리며 멀리 도솔천의 부처를 맞이하라고 읊었다. 도솔은 미륵보살이 머무는 천상의 이상 세계다. 부처의 신통력으로 변괴를 없애고 모든 것이 왕의 희망대로 이루어지기를 빈 것이다. 이 노래를 지어 부른 뒤에 전처럼 해가 하나만 보였다고 한다. 해는 세상에 하나밖에 없어서 왕을 상징한다. 해가 둘이라는 것은, 경덕왕 자신의 치세나 태자가 왕이 된 뒤에 다른 사람이 왕위를 넘볼 것이라는 뜻이다. 왕권의 위기를 상징하는 변괴가 사라져 한없이 기쁜 왕이 고급 차茶 한 봉과 수정으로 만든 염주를 하사하니, 어린아이가 나타나 공손히 받았다. 왕은 아이가 월명을 수행하는 줄 알고 건네주었다. 그런데 어린아이가 갑자기 궁궐 내 절의 탑 속으로 사라져 버렸고, 차와 염주는 남쪽 벽화의 미륵상 앞에 있었다고 한다. 어린아이가 바로 미륵보살의 화신이라는 것이다.

월명은 원래 사천왕사의 주지로 있었다. 사천왕사는 나당전쟁 때 부처의 힘으로 신라를 지켜 달라는 뜻에서 조성되었다. 경덕왕이 호국을 상징하는 절의 비중 있는 승려에게 변괴를 해결해 달라고 청한 것이다. 두 개의 해나 미륵보살의 화신은 현실에 존재하지 않는다. 다만 왕위 계승에 대한 의지를 태자 책봉에 반대하는 진골 세력에게 강하게 드러낸 것이다.

태자에 대한 경덕왕의 태도와 관련해 표훈은 부정적인 견해를 보인 것 같다. 반면에, 월명은 경덕왕을 대변하며 불교 의식을 주관했다. 왕은 월명의 축원을 명분으로 삼아 태자 임명을 정당화했다. 하지만 태자는 여전히 통치자의 교양과 거리가 먼 행동만 보였다. 원래 여자로 점지

ⓒ최희준

경덕왕릉
경주시 내남면 부지리에 있다. 경덕왕은 태자에게 안정된 왕권을 물려주는 데 온 힘을 기울였다.

되었는데 남자로 잘못 태어났다는 소문까지 나돌았다. 765년 6월, 경덕왕은 후계자의 안위를 걱정하면서 세상을 떠났다. 이 걱정은 나중에 현실이 되었다.

경덕왕이 형식적으로는 왕권과 신라의 지배 체제를 절정에 올려놓았다. 하지만 오랫동안 후계자를 보지 못한 데서 비롯한 불안으로 본의 아니게 갈등의 씨앗을 키웠다. 태자를 둘러싼 갈등을 객관적으로 판단하지 못하고 자신의 입맛에 맞는 의견을 좇았다. 그는 이것이 왕권을 지키는 유일한 길이라고 여겼지만, 객관적인 상황을 보면 그렇지 않았다. 자연적인 변괴를 경덕왕의 선택에 대한 사람들의 비판으로 볼 수도 있다. 어쩌면 경덕왕이 그저 운이 없었는지도 모르지만, 그의 선택은 절정에 올랐던 통일 왕국 신라가 내리막길을 걷게 했다.

천년 왕국의 부흥을 꿈꾸며

11

원성왕, 신라 하대의 왕통을 열다

김경신과 김양상의 쿠데타

『삼국사기』는 혜공왕 대에 신라의 중대가 마감되고 선덕왕宣德王 대부터 하대가 시작되었다고 한다. 김춘추 후손의 왕통이 끊어지고 내물왕의 후손으로 새로운 왕통이 생겨났음을 강조한 것이다. 그 배경은 혜공왕 대의 정치적 혼란에 있다. 경덕왕의 아들인 혜공왕은 겨우 여덟 살이던 765년에 즉위했다. 그래서 어머니인 만월태후가 정치 운영을 도왔지만, 이듬해 1월에 두 개의 해가 나타났다고 한다. 경덕왕 대에 벌어진 일이 똑같이 재현된 것이다. 두 해는 두 왕을 의미하는 만큼 왕권이 불안하고 왕에 대한 불만도 컸다는 것을 알 수 있다. 혜공왕은 죄수들을 대대적으로 사면해 민심을 달래 보려 했다. 하지만 2월에 양리공良里公 집에서 다리 다섯 달린 송아지가 태어났는데, 다리 하나가 위를 향하고 있었다.

자연의 순리에 역행하는 현상이다. 또 강주진주에서는 땅이 꺼져 못이 생겼는데, 그 물이 검푸른색이었다. 혜공왕 때문에 백성들이 이반하고 권력층에서도 불만을 품은 세력이 생겼음을 알 수 있다.

혜공왕은 767년 7월에 이찬 김은거金隱居를 당으로 보내 신라왕으로 인정해 주기를 청했고, 당이 이듬해 봄에 사신을 보내 승인했다. 혜공왕과 태후가 대외적으로 인정받은 것이다. 하지만 6월에 큰 유성이 황룡사 남쪽에 떨어지고 호랑이가 궁궐에 들어오는 등 변고가 잇달았다. 혜공왕에 대한 비판도 날로 거세졌다.

이런 분위기를 이용해 일길찬 대공大恭과 그 아우인 아찬 대렴大廉이 혜공왕을 몰아내려고 했다. 이들은 왕권에 대항하는 진골을 최대한 끌어모아 33일간 왕궁을 포위했다. 경주뿐만 아니라 전국에서 유력한 세력이 반란군을 지지했다. 하지만 왕권파에 가담한 세력도 많았다. 전국적으로 96각간이 서로 싸웠다고 전하는데, 통일 전쟁을 거치면서 첫째 관등인 각간의 수가 늘어났다고 해도 이 정도는 아니었다. 이는 지배 세력의 대부분이 왕권파와 진골 귀족파로 나뉘어 싸웠다는 뜻이다. 왕권파의 정부군은 간신히 반란을 진압했다. 반란 세력이라면 친가와 외가를 막론하고 친족을 모조리 처형했다.

반란 직후 혜공왕은 왕권파인 이찬 신유神猷를 상대등으로 삼고 이찬 김은거를 시중으로 삼아 정권의 안정을 도모했다. 하지만 770년 8월에도 대아찬 김융金融이 반란을 일으켰다. 이 난은 실패로 돌아갔지만, 왕권에 대항하는 진골 세력은 점점 커졌다. 이해 12월에는 김은거가 시중 자리에서 물러났다. 774년 9월에 이찬 김양상이 상대등 자리에 오르면서 왕권파보다 진골 귀족파가 우위를 차지하게 되었다. 김양상 일파는 혜공왕을 보위한다는 명목으로 권력을 차지하고는 사실상 왕권을 무력화했다.

775년 6월, 왕권파 김은거가 김양상의 집권에 반발해 반란을 일으켰다. 하지만 김양상은 이를 진압하고 김은거를 처형했다. 이듬해 1월에는 중국식이던 관직명을 고유어로 바꿨다. 경덕왕이 단행한 개혁을 그전으로 되돌린 것이다. 이는 전제 왕권을 강화하기 전의 지배 질서로 돌아가려는 시도, 즉 진골의 기득권을 되찾으려는 조치였다. 777년 4월에 김양상이 상소를 통해 이런 정책의 강화를 요구했다. 경덕왕 대 이래 전제 왕권을 재확립하려던 노력을 역행하는 것이다. 이해 10월에 이찬 김주원金周元을 시중으로 삼으면서 김양상의 권력은 더욱 강화되었다. 그러자 이에 반발한 이찬 김지정金志貞이 780년 2월에 난을 일으켜 궁궐을 포위하고 공격했다. 그는 혜공왕이 김양상의 손아귀에서 놀아나는 것에 불만을 품어 왕권파이면서도 왕에게 반기를 들었다. 궁궐 포위는 오랫동안 지속되었고, 김양상과 김경신金敬信이 4월에야 군사를 일으켜 반란군을 진압할 수 있었다. 하지만 그 와중에 혜공왕과 왕비는 김지정의 반란군에게 죽임을 당했다.

반란이 진압되었지만, 혜공왕의 죽음이 상황을 새로운 차원으로 바꿔놓았다. 23세로 죽은 혜공왕은 아들이 없었다. 경덕왕이 어렵게 얻은 외아들이니 형제도 없었다. 혜공왕 대에 왕족의 반란이 끊이지 않은 점을 보면, 왕위 계승권을 주장한 왕족이 적지 않았을 것이다. 하지만 궁궐 주변을 접수한 김양상과 김경신이 권력을 장악하기에 유리한 위치에 있었다. 김양상은 성덕왕 딸의 아들로, 경덕왕에게는 조카뻘이고 그 아들 혜공왕과는 고종사촌이다. 하지만 혜공왕은 성덕왕의 후비 소덕왕후 <ruby>昭德王后<rt></rt></ruby>의 손자고 김양상은 성덕왕의 또 다른 비인 김원태<ruby>金元泰<rt></rt></ruby> 딸의 외손자였으니, 일반적인 사촌과는 달랐다. 김양상은 내물왕의 10세손이고, 무열왕부터 내려오는 중대 왕가의 혈통을 외가 쪽으로 잇고 있었다. 김양상은 이런 조건을 자신이 왕위를 이어야 한다는 명분으로 이용했다. 반란 세력을 진압하고 혜공왕이 사망했으니, 김양상은 군대를 철수하고 왕족들이 새로운 왕의 즉위를 협의하도록 분위기를 만들어야 했다. 하지만 김양상은 김경신과 궁을 계속 장악한 상태에서 군대를 해산하지 않았다. 그리고 김경신과 김주원의 도움을 받아 스스로 왕이 되었다. 반란을 진압한 당사자가 무혈 쿠데타에 성공하면서 선덕왕이 탄생한 것이다.

북천의 물이 가른 운명

선덕왕이 맨 처음 한 일은 쿠데타 세력에 대한 보답이다. 우선 김경신을 상대등으로 임명해 국정을 총괄하게 했다. 아찬 의공<ruby>義恭<rt></rt></ruby>을 시중으로 삼았는데, 그는 선덕왕의 장인으로 전한다. 선덕왕이 자신과 밀접한 세력에게 최고위직을 맡긴 것이다.

그런데 왕위에 오른 뒤 선덕왕의 건강이 점차 나빠져, 784년에는 왕위를 내놓겠다고 발표할 정도였다. 주변에서 모두 말려 이 발표는 취소

되었지만, 그의 건강은 돌아오지 않았다. 이듬해에는 자리에서 일어나지 못할 정도가 되었다. 문제는, 그의 뒤를 이을 아들이 없다는 것이었다. 결국 후계 문제를 둘러싸고 왕족들 사이에 갈등이 생겼다. 전왕의 아들이 없을 때 왕위 계승에서 가장 유리한 사람은 일반적으로 전왕의 형제나 조카다. 선덕왕에게 형제가 있었는지는 알 수 없고, 조카는 김주원이 있었다. 그는 777년에 시국 문제와 관련해 김양상^{선덕왕}이 상소문을 올리고 얼마 있다 시중이 된 인물이다. 김양상이 쿠데타를 일으킬 때도 그의 편에 섰을 것이다. 그래서 선덕왕이 즉위한 뒤에는 김주원이 상재_{上宰}가 되었다. 상재는 재상보다 위라는 뜻이니, 선덕왕이 김주원을 위해 상대등보다 높은 관직을 특별히 만들어 준 것이다. 지위로 보나 혈연으로 보나 김주원은 유력한 왕위 계승 후보가 될 수 있었다.

또 다른 인물은 내물왕의 12세손인 김경신이다. 그의 어머니는 박씨 계오부인_{繼烏夫人}이고, 부인은 각간 김신술_{金神述}의 딸이다. 김씨 왕족과 박씨 집단이 결합한 가문 출신인 것이다. 그런데 김경신은 선덕왕의 사촌 동생이니, 김주원에 비해 선덕왕과 촌수가 멀고 무열왕의 직계손과도 거리가 있었다. 혈연만 보면 김주원보다 불리했다. 하지만 그는 선덕왕이 즉위하는 데 가장 큰 공을 세웠고, 상대등이라는 지위로 많은 관리들에 대한 실권을 쥐고 있었다. 시중 의공도 그와 같은 세력이었다. 명분상으로는 김주원보다 뒤져도 왕권에 대한 희망이 있었다. 하지만 이런 속내를 드러내서 이로울 것이 없었다. 선덕왕의 건강이 위중해질수록 그는 근신하며 지냈다.

김경신의 속내는 꿈에서 모습을 드러냈다. 관리들이 행사에서 머리에 쓰는 복두를 벗고 흰 갓을 쓴 채 가야금의 일종인 12현금을 들고 천관사 우물로 들어간 것이다. 꿈에서 깬 그가 주변 사람에게 점치게 했더니 복두를 벗은 것은 관직을 잃을 징조요, 가야금을 든 것은 목에 칼을 쓸 징조요, 우물에 들어간 것은 옥에 갇힐 징조라고 했다. 복두는 관직을 상징하고 가야금은 죄인이 목에 쓰는 칼과 닮았으며 우물 속은 닫힌 공간이니, 대체로 수긍이 가는 말이었다. 김경신은 크게 근심해 문을 걸어 잠그고 집에서 나오지 않았다. 이때 아찬 여삼餘三이 찾아와 꿈을 반대로 해석해 주었다. 복두를 벗은 것은 세상에 윗사람이 없어진다는 뜻이고, 흰 갓은 왕의 면류관을 상징하고, 12현금은 12대손에게 왕위를 전할 징조이며, 천관사 우물에 들어간다는 것은 궁궐에 들어갈 징조라는 것이다. 천관사는 김유신이 젊은 시절에 정을 나눈 천관녀를 위해 지은 절이다. 김유신이 여동생을 김춘추와 결혼시켜 왕에 버금가는 위세를 누렸으니, 김경신이 왕이 될 것이라는 뜻이었다. 혜공왕 대 이후 소외된 김유신의 후손과 연대해 세력을 키우라는 뜻도 있었다. 여삼은 김경신이 지혜롭게 대처하면 왕이 될 가능성이 크다고 기대해 미리 몸을 맡기고 출세를 바란 것이다.

　김경신은 여삼의 해몽에 솔깃했으나, 왕위를 계승하기에는 김주원이 훨씬 유리한데 자신이 어떻게 왕이 되겠냐고 되물었다. 여삼은 경주 북쪽을 흐르는 북천 신에게 제사 드리면 될 것이라고 했다. 북천의 북쪽에는 김주원이 살고 있었고, 궁궐에서 20리 거리였다. 여삼이 김주원의 주변 세력을 같은 편으로 끌어들이자고 제안한 것이다. 김경신은 북천 신에게 제사를 지내면서 여삼의 말을 그대로 따랐다.

그러던 중 785년 1월 3일 선덕왕이 세상을 떠났다. 오랫동안 병석에 있었으니 갑작스러운 일은 아니었다. 신하들은 논의를 거쳐 김주원을 왕으로 세우려 했는데, 예상 밖의 일이 벌어졌다. 큰비로 북천의 물이 불어 김주원이 건널 수 없게 된 것이다. 물이 빠지려면 며칠이 걸릴지 모를 일이었다. 이때 김경신을 지지하는 신하 한 사람이 나서, 오늘의 폭우는 하늘의 뜻이 김주원이 아닌 김경신에 있다는 징조라고 주장했다. 김경신은 덕망이 높고 임금의 품격도 갖췄다는 것이다. 김경신이 선덕왕의 즉위에 기여한 최고의 공신이면서도 공개적으로 나서지 않고 자기편을 만든 것이 빛을 내는 순간이었다. 상대등으로서 실권이 컸던 점도 도움이 되었다. 김경신 세력의 목소리가 커지면서 김주원 세력은 힘을 잃게 되었다. 기회를 잡은 김경신 세력은 일사천리로 밀어붙였다.

북천
신라 대에는 알천이라고도 불렸다. 김주원은 이 물이 넘치는 바람에 왕이 될 기회를 놓쳤다.

이렇게 되자 김주원 세력도 김경신의 즉위를 지지할 수밖에 없었다. 얼마 후 비가 그쳤지만, 상황은 모두 끝났다. 이렇게 즉위한 김경신이 바로 원성왕元聖王이다.

원성왕이 즉위하자 김주원 세력도 모두 축하했다. 김경신이 이미 즉위한 상황에서 반발한다면 반란을 뜻하는데, 김주원에게는 군사력이 부족했다. 이런 인식하에 김주원이 김경신의 즉위를 인정하면서 무력 분쟁은 일어나지 않았다.

종묘의 주인공 바꾸기

원성왕의 즉위는 그가 선덕왕의 건강 악화에 대비해 치밀하게 준비한 결과이기도 하지만, 북천의 범람이라는 우연도 크게 작용했다. 김주원을 지지한 세력이 엄연히 존재하는 것도 사실이었다. 이런 상황에서 원성왕이 왕위를 무난히 유지하기가 쉽지는 않았다. 그래서 원성왕은 김주원과 타협하기로 했다. 처가 쪽으로 명주強陵에 근거지를 두고 있던 김주원은 왕위를 넘보지 않는 대신 그곳을 근거지로 삼아 편하게 살기를 원했다. 명주는 경주에서 멀기 때문에 이곳에서 두 세력이 충돌할 가능성도 크지 않았다. 원성왕으로서도 이를 허락하는 것이 무리하지 않으면서 왕위를 지키는 방법으로 보였다. 그래서 명주를 김주원의 식읍으로 인정했다. 이곳에서 거두는 세금을 모두 김주원이 가져간다는 뜻이었다. 국가 재정에는 불리해도 왕권의 안정을 위해 감내할 만한 수준이었다.

　무열왕계에서 세력 기반이 약한 원성왕은 왕권 안정을 위해 모든 노력을 기울였다. 그중 하나가 가까운 조상들을 왕으로 승격한 것이다. 즉위 직후인 785년 2월에 죽은 아버지 효양孝讓을 명덕대왕明德大王으로 삼았고, 어머니 박씨를 소문태후昭文太后로 삼았다. 할아버지인 이찬 위문魏文은 홍평대왕興平大王으로, 증조할아버지인 이찬 의관義寬은 신영대왕神英大王으로, 고조할아버지인 대아찬 법선法宣은 현성대왕玄聖大王으로 삼았다. 이로써 원성왕은 형식적으로나마 왕가의 핏줄을 이어받게 되었다. 하지만 이는 개인적인 차원의 조치고, 국가 사당인 종묘에서는 선왕들을 모셨다. 신라에서 종묘는 무열왕 대에 설립되었다. 태조대왕과 입종갈문왕立宗葛文王부터 아버지 문흥대왕文興大王·김용춘까지 사당에 모신 것이다. 혜공왕 대에는 종묘에 시조와 선왕 네 명을 모시는 5묘제의 원칙이 공식화되었다. 김씨 최초의 왕인 미추왕과 삼국 통일에 공을 세운 태종대왕무열왕·문무대왕은 종묘에 영원히 모시는 대상으로 자리 잡았다. 나머지 2대는 혜공왕의 할아버지인 성덕대왕과 아버지인 경덕대왕인데, 후대에 바뀔 수 있게 했다. 이에 따라 선덕왕은 경덕대왕만 빼고 자신의 아버지인 개성대왕開聖大王을 5묘에 모셨다. 성덕대왕은 혜공왕뿐만 아니라 선덕왕에게도 할아버지였기 때문이다. 원성왕은 미추왕의 후손이지만 무열왕이나 문무왕과는 계통이 달랐다. 직계 조상을 기준으로 삼으면 이들을 종묘에 모실 이유가 없었다. 하지만 삼국 통일의 주인공을 종묘에 모셔야 한다는 것은 당시에도 굳건하게 합의한 원칙이었다. 그래서 원성왕은 시조대왕을 비롯해 무열왕과 문무왕도 종묘에 그대로

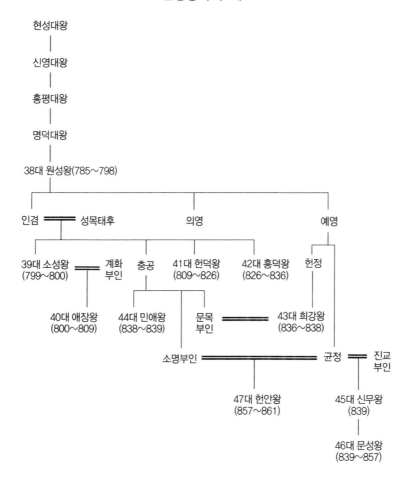

원성왕가의 계보

현성대왕

신영대왕

흥평대왕

명덕대왕

38대 원성왕(785~798)

인겸 ━━ 성목태후

의영

예영

39대 소성왕
(799~800) ━━ 계화
부인

충공

41대 헌덕왕
(809~826)

42대 흥덕왕
(826~836)

헌정

40대 애장왕
(800~809)

44대 민애왕
(838~839)

문목
부인 ━━ 43대 희강왕
(836~838)

소명부인 ━━━━ 균정 ━━ 진교
부인

47대 헌안왕
(857~861)

45대 신무왕
(839)

46대 문성왕
(839~857)

모셨다. 그 대신 성덕대왕과 개성대왕을 빼고 자신의 할아버지인 흥평
대왕과 아버지인 명덕대왕을 종묘에 모셨다. 이런 식으로 중대 왕통의
명분을 살린 데는 자신보다 중대 왕통에 가까운 김주원의 지지 세력을
달랜다는 뜻도 있었다. 무열왕계 왕족과 타협하면서 자신의 조상을 종

묘의 주인공으로 만든 것이다. 같은 해 3월에 원성왕이 선덕왕의 비 구족부인具足夫人을 궁에서 내보내는 대신 국고에서 곡식을 3만 4000섬 내주며 풍족하게 생활하도록 배려한 것도 자신의 즉위에 대한 선덕왕 세력의 불만을 달래는 조치였다.

원성왕은 즉위하고 두 달 만에 중대 왕권의 묵은 때를 씻어 버리고 새로운 왕통의 상징을 완성했다. 궁궐 내에서 부담이 될 만한 세력도 사실상 모두 사라졌다. 이는 원성왕이 단순히 쿠데타에 성공한 것이 아니라 새로운 시대를 열었음을 보여 준다.

다시 불러낸 만파식적과 동해 호국룡

원성왕은 왕위를 차지하는 과정에 많은 곡절을 겪었다. 김지정의 반란을 진압하기 위해 김양상과 함께 목숨을 걸었고 쿠데타에도 참여했다. 선덕왕의 병세가 악화되었을 때는 후계자 경쟁에 나설지를 놓고 크게 갈등했다. 이 모든 일을 겪고 차지한 왕위는 지키는 것이 더 어려울 수 있다는 점도 알았다. 그래서 원성왕은 자신이 왕위에 오르는 데 기여한 세력을 다독이는 데 정성을 쏟았다. 특히 자신의 결단에 큰 계기를 마련해 준 여삼에게는 높은 지위를 약속했다. 그런데 여삼은 원성왕이 즉위하기 직전에 세상을 떠나, 원성왕은 그 자손들을 불러 벼슬을 주며 보답했다. 북천의 물이 불어 김주원이 궁궐에 들지 못했을 때 김경신을 왕으로 추대하자고 주장한 사람들도 무시할 수 없었다. 이에 원성왕은

괘릉
원성왕릉으로 추정된다. 이곳에 있던 곡사라는 사찰을 현재의 대숭복사지로 옮기고 조성되었다고 한다.

즉위한 다음 달인 785년 2월에 병부령 충렴忠廉을 상대등으로 삼고, 이찬 제공悌恭을 시중으로 삼았다. 한 달 뒤에 제공 대신 시중이 된 이찬 세강 世强도 같은 공이 있다.

원성왕의 지배가 안정되자, 만파식적이 다시 주목받았다. 만파식적은 진평왕 대부터 보관되었고, 신문왕 대에 다시 만들어져 천존고에 보관되었다. 이를 원성 아버지 효양이 전해 주었다고 한다. 이것이 신문왕 대에 만들어졌는지는 알 수 없다. 하지만 원성왕은 자신이 하늘의 은혜를 두텁게 입어 덕을 멀리 빛낼 것이라는 상징으로 받아들였다. 그만큼 원성왕의 정권은 빠르게 안정되었다. 사실은 그래서 만파식적이 주목받았지만, 만파식적 때문에 정치가 안정되었다는 소문이 돌았다.

만파식적의 소문은 일본까지 퍼졌다. 8세기 초부터 일본은 발해와 친한 반면, 신라와는 사이가 좋지 않았다. 786년 10월에 일본 왕이 신라를 침공하려다 만파식적이 있다는 말을 듣고서 취소했다고 한다. 그러고는 사신을 보내, 금 50냥을 줄 테니 피리를 보여 달라고 청했다. 이에 대해 원성왕은 진평왕 대에 있었지만, 지금은 어디 있는지 모른다고 답했다. 이듬해 7월에 일본 왕이 다시 사신을 보내, 금 1000냥을 주고 본 뒤 돌려보내겠다고 했다. 하지만 이때도 원성왕은 같은 말로 거절했다. 그 대신 당시 귀한 보석과도 같던 은 3000냥을 사신에게 주고는 돌려받지 않았다고 한다. 다음 달에 사신이 돌아가자, 원성왕이 만파식적을 내황전에 소중히 간직했다.

신문왕이 만파식적을 중시한 데는 통일 위업을 이어받아 왕권을 안정시키려는 뜻이 있었다. 전제 왕권이 확립되면서 만파식적의 힘이 확인된 셈이었다. 이런 효과를 잘 아는 원성왕도 왕권을 안정시키기 위해 만파식적을 다시 불러냈고, 그의 왕권이 안정되면서 만파식적의 힘이 자연히 되살아났다.

그 뒤 원성왕의 정치는 무난한 편이었다. 그가 재위하는 동안 국정을 총괄하는 상대등과 왕의 기밀 사무를 관장하는 시중을 비교적 규칙적으로 임명했다. 시중이 되었다가 한 달도 안 돼 물러난 제공이 불만을 품고 791년에 반역했지만, 그가 처형된 뒤에는 정치적 분란이 거의 일어나지 않았다.

원성왕은 788년부터 관리 등용 제도인 독서삼품과를 시행했다. 유교 경전에 능통한 정도에 따라 관직을 내렸는데, 골품제에 따라 신분별로 최고 관등이 한정된 점은 변화가 없었다. 하지만 실력에 따라 관리를 선발하는 것은 왕이 합리적으로 정치한다는 근거가 될 수 있었다. 관리를 임명할 때 무열왕계 세력을 견제하는 수단이 되고 운영상 한계도 있었지만, 독서삼품과는 분명히 원성왕의 통치를 안정시키는 데 도움이 되었다.

『삼국유사』에 따르면, 795년에 당의 사신이 궁궐 내 못인 동지東池와 동천사의 청지靑池와 분황사의 우물에 사는 용을 모두 데리고 가 버렸다고 한다. 이 사건은 동지와 청지에 살던 용의 부인들이 와서 신고해 밝혀졌다. 당 사신이 하서국 사람들을 시켜 도술로 용을 작은 물고기로 변하게 해 통에 넣어 갔다는 것이다. 이를 안 원성왕은 당 사신이 돌아가는 길에 머물던 하양관까지 쫓아가 연회를 열고 하서국 사람들을 추궁해 물고기 세 마리를 돌려받았다. 그리고 이를 원래 있던 곳에 넣었더니 모두 용으로 변했다고 한다. 동지와 청지의 용은 나라를 지키는 용, 호국룡이었다고 한다. 동천사에 있던 청지는 동해의 용이 왕래하면서 설법을 듣던 곳으로 전한다. 신문왕에게 나타난 동해의 용이 경주로 들어온 것이다. 동천은 알에서 깨어난 혁거세를 목욕시켰다는 곳인 만큼 신라에서 오랫동안 신성시되었다. 그리고 만파식적을 처음 간직한 진평왕이 동천사를 세웠다고 하니, 신라의 탄생과 안녕 면에서 중시되던 곳이다.

원성왕 대의 용 이야기는 신문왕의 만파식적과 동해의 용을 경주 시내로 끌어오는 과정에 당의 사신이 끼어들어 훼방을 놓은 셈이다. 이는 원성왕이 당에게 즉위를 인정받는 과정에 문제가 생긴 것을 반영하는 듯하다. 원성왕은 즉위 다음 해에 당의 덕종德宗에게 신라의 왕으로 인정받았다. 문제는, 당 사신들의 하수인이었다는 하서국 사람들이다. 하서국은 명주의 옛 이름이며 김주원이 왕위 쟁탈전에 밀려나며 가 있던 곳이다. 그가 원성왕의 즉위를 인정했어도 불만이 없지는 않았을 것이다. 또 원성왕으로서는 김주원이 이 지역을 독립국가처럼 운영해 부담스러웠을 것이다. 이 때문에 불편해진 관계가 호국룡 이야기의 하서국인으로 표현되었다. 결국 제자리를 찾은 세 용처럼 김주원 세력의 불만도 점차 해결되었을 것이다.

효성왕, 경덕왕, 혜공왕을 거치면서 왕위 계승은 줄곧 불안했다. 원성왕도 791년에 태자 인겸仁謙이, 794년에는 태자 의영義英이 죽는 아픔을 겪었다. 하지만 인겸의 아들인 준옹俊邕·소성왕에게 왕위를 무사히 물려줄 수 있었다. 그 뒤 신라의 왕은 사실상 모두 원성왕의 자손이다. 원성왕이 위태로운 상황에서 즉위했지만, 자신의 왕통을 확실하게 열었다. 전대의 선덕왕은 중대 왕통을 연 무열왕의 혈통을 외가 쪽으로 이어받았다. 그가 쿠데타로 왕이 되었어도 모든 면에서 무열왕계 왕족을 무시할 수 없었다. 결과적으로 그는 중대에서 하대로 넘어가는 과도기를 지녔다고 볼 수 있다. 반면에, 원성왕은 중대의 유산을 실질적으로 청산하고 새로운 질서를 만들어 냈다. 이런 점에서 원성왕은 실질적으로 신라의 하대를 열었다.

12

장보고와 신무왕, 골품제의 장벽을 넘다

실패한 쿠데타 세력을 품어 준 장보고

원성왕이 새로운 왕통을 연 뒤 신라의 왕위 계승은 비교적 순조로웠다. 그의 손자인 소성왕昭聖王과 증손자인 애장왕哀莊王이 차례로 즉위했기 때문이다. 이들은 가까운 친척을 상대등이나 병부령 같은 요직에 포진시켜 비교적 안정되게 국정을 운영했다. 특히 애장왕은 종묘에서 태종대왕과 문무대왕 대신 자신의 아버지부터 고조할아버지까지 모셨다. 원성왕이 연 새 왕통을 종묘 차원에서 완성한 것이다.

하지만 삼촌인 김언승金彦昇이 쿠데타를 일으켜 애장왕이 동생 김체명金體明과 죽임을 당했다. 새로 왕위에 오른 헌덕왕憲德王·김언승은 정치적 야심이 많았지만, 그것을 펼치기에는 사정이 녹록지 않았다. 굶주린 백성들이 식량을 구하기 위해 무리 지어 당과 일본으로 떠날 만큼 전국적

3장 천년 왕국의 부흥을 꿈꾸며   183

으로 가뭄과 홍수가 끊이지 않았기 때문이다. 이렇게 흉흉해진 분위기가 원성왕 때문에 왕위에 오르지 못한 김주원의 후손들 마음을 자극했다. 헌덕왕이 쿠데타로 왕이 되었고, 그 할아버지인 원성왕도 사실상 쿠데타로 즉위했다. 그러니 이 기회에 김주원 가문도 왕권을 잡아야 한다고 생각한 것이다.

822년 3월, 김주원의 아들인 김헌창金憲昌이 웅천주 도독으로 있다 민심이 흉흉한 틈을 이용해 반란을 일으켰다. 무진주光州, 완산주, 사벌주, 청주菁州까지 끌어들여 세력을 키우려 했으며 나라 이름을 장안長安이라고 했다. 장안은 당의 수도니, 신라를 압도하는 나라를 새로 만들겠다는 뜻이 있었다. 하지만 청주와 완산주의 도독이 김헌창을 배신하고 정부군이 대규모로 파견되면서 반란은 실패하고, 김헌창을 비롯해 반란 참여자와 친척 등 239명이 처형당했다. 825년 1월에는 그의 아들 범문梵文이 오늘날의 서울 부근에서 다시 반란을 일으켰는데, 한주漢南 도독이 바로 진압했다. 하지만 지방에 대한 정부의 통제력이 이미 크게 약해졌고, 김씨 왕실 내부의 상호 신뢰도 무너졌다. 북방에서는 전성기를 맞이한 발해가 압박하는 가운데 헌덕왕이 북방에 장성을 쌓았다. 그러나 그는 대내외의 당면한 문제를 해결하지 못한 채 826년 10월에 세상을 떠났다. 그리고 그에게 아들이 넷이나 있었지만, 왕위는 동생인 김수종金秀宗이 이었다.

이렇게 즉위한 흥덕왕興德王은 동생인 김충공金忠恭을 상대등으로 삼았다. 사실 헌덕왕 대부터 상대등이던 동생을 유임해 정권의 안정을 도모한 것이다. 그러면서 왕실 가족 간 세력균형을 위해 삼촌 김예영金禮英의 손자인 대아찬 김우징(金祐徵)을 시중으로 삼기도 했다.

그런데 당시 신라의 서남해안에는 당에서 온 해적선이 들끓고 있었다. 지방에 대한 통제력이 약화된 당에서 나타난 해적들이 신라까지 와서 활동한 것이다. 이들은 당이나 일본으로 통하는 무역선을 약탈하고 주민을 납치해 노예로 팔아넘겼다. 발해에 대한 방비에 치중하던 신라 정부로서는 이들을 단속하기가 쉽지 않았다. 이런 상황에 떠오른 인물이 바로 장보고(張保皐)다.

서남해 지역 출신인 장보고는 고향 친구 정년(鄭年)과 젊은 시절에 당으로 갔다. 무예 실력이 뛰어났던 이들은 당의 서주(徐州小鎭)에서 무령군 소장이 되었다. 지역 절도사 휘하 부대의 하급 장교가 된 것이다. 지방의 변변찮은 집안 출신인 신라 사람으로서는 꽤 출세한 셈이다. 그런데 무령군이 축소되면서 장보고가 자리를 잃고, 신라인의 무역 활동이 활발하던 산동반도의 문등현 적산촌으로 갔다. 그리고 이곳에서 해상 교역으로 크게 성공해 법화원이라는 사찰을 세우고 근거지로 삼았다. 그런데 신라의 서남해에 당의 해적이 들끓으면서 장보고도 타격을 입었다. 해적은 당에서도 큰 문제가 되었다. 장보고는 신라로 건너가 해적 문제를 해결하는 동시에 당과 신라와 일본을 연결하는 무역으로 더 크게 성공해야겠다는 야망을 품게 되었다. 홍덕왕이 즉위한 직후의 일이다.

홍덕왕은 무령군 소장이던 장보고의 무역 활동 경험을 이용해 서남해 지역을 안정시키려고 했다. 장보고의 바람과도 맞아떨어졌다. 828년 4월에 홍덕왕을 만난 장보고는 청해진 대사가 되어 군사 1만 명을 받고 지금의 완도에 청해진을 건설했다. 대사는 두상대감이라 불린 북방 패

청해진 유적
완도군 장좌리 장도는 청해진의 본부로 쓰였다. 사진은 바닷물이 빠진 모습이고, 현재 완도와 장도 사이에는 목제 인도교가 있다.

강진의 사령관보다 훨씬 높은 직함이었다. 완도와 주변 군현에서 동원된 장보고 휘하 군사도 당시 신라 지방군로서는 최대 병력이었다. 장보고가 서남해 일대에서 최대의 군사력을 확보한 것이다. 이때부터 장보고는 신라와 일본에서 당으로 통하는 무역을 장악하고 엄청난 부를 쌓았다.

그런데 836년 12월에 흥덕왕이 아들 없이 세상을 떠나면서 신라에 피바람이 몰아쳤다. 흥덕왕의 사촌이며 상대등이던 김균정金均貞이 아들 김우징과 매제 김예징金禮徵, 김양金陽 등의 지지를 받아 왕이 되려고 했다. 그가 궁에 들어가 사병들의 호위를 받으며 왕이 되었다고 선언했다. 하지만 흥덕왕의 오촌 조카 김제륭金悌隆을 지지하는 김명金明과 이홍利弘이 군대를 이끌고 적판궁을 포위했다. 이들의 공격으로 김균정은 죽고, 김양은 화살을 맞은 채 김우징과 간신히 도망쳤다. 결국 김제륭이 희강왕 僖康王이 되었다.

생명의 위협을 느낀 김우징이 837년 5월에 처자식을 거느리고 낙동 강 하구에서 배를 타고 찾아간 곳이 청해진이다. 사실 장보고는 청해진 대사라는 지위만 인정받는다면 누가 왕이 되든 상관없었다. 다만 흥덕 왕과의 혈연이나 관직 면에서 김제륭보다 훨씬 우위였던 김균정이 죽임 을 당했다는 사실은 장보고의 생각에도 문제가 있었을 것이다. 또한 김 제륭의 즉위는 자신을 청해진 대사로 임명해 준 흥덕왕에 대한 배신일 수도 있었다. 그러나 김우징과 김예징을 받아들이는 것은 신라에 대한 반역일 수도 있었다. 중앙군과도 대적할 만한 군사력을 보유한 장보고 가 청해진 대사로 임명될 때 김우징이 시중 자리에 있었다. 이를 인연으 로 두 사람 사이에는 유대감이 있었기에 장보고가 김우징을 받아들여 자신의 힘을 더 키우는 편이 유리하다고 판단했다. 이것은 중앙정부에 대한 영향력을 더욱 키우는 방법이기도 했다. 김우징이 청해진에 무사 히 정착했다. 이 소식을 들은 김예징도 청해진을 찾아갔다.

흥덕왕이 죽었을 때 먼저 왕이 되겠다고 나선 사람은 김균정이다. 하지만 흥덕왕이 그를 태자로 삼지 않았고 김씨 왕족의 합의도 없었으 니, 그의 행위는 사실상 쿠데타다. 그런데 그를 죽이고 왕이 된 김제륭 은 더 심한 쿠데타 세력으로 볼 수 있다. 실패한 쿠데타 세력인 김우징 은 청해진에서 복수의 칼을 갈게 되었고, 장보고가 이를 품어 주면서 잠재적인 쿠데타에 발을 담근 셈이다. 물론 이런 상황은 더 큰 파란을 예고하고 있었다.

장보고와 김우징의 약속

희강왕은 즉위한 뒤 처남인 김명을 상대등으로 삼고 이홍을 시중으로 삼았다. 사실 쿠데타를 주도한 김명과 이홍이 스스로 자리를 꿰찼다고 볼 수 있다. 최고 권력은 김명에게 있고, 희강왕은 허수아비나 마찬가지였다. 결국 김명이 상대등 자리에 만족하지 않고 838년 1월에 이홍과 다시 쿠데타를 일으켜 왕의 측근부터 죽였다. 희강왕은 자신도 무사하지 못할 줄 알고 스스로 목을 매어 죽었다. 이렇게 즉위한 김명이 민애왕閔哀王이다.

이해 2월, 김양이 군사를 모아 청해진으로 가서 김명의 쿠데타 소식을 전했다. 김우징은 누가 봐도 명분이 없는 쿠데타라는 점에서 김명을 몰아낼 기회가 왔다고 생각했다. 청해진의 군사를 동원하면 승산이 있었다. 이에 김우징이 장보고에게 제의했다. 김명이 왕을 죽인 뒤 스스로 왕이 되고 이홍은 왕과 자신의 아버지 김균정을 죽였으니, 군사를 내어 왕과 아버지의 원수를 갚자는 것이었다.

당시 장보고는 청해진에서 남부럽지 않게 군사적 위세와 경제적 이익을 누리고 있었다. 하지만 진골 귀족에 비하면 지역 세력가일 뿐이었다. 진골이 아닌 그는 아무리 용을 써도 경주에서 장관급 이상의 자리를 차지할 수 없었다. 청해진 대사는 실질적인 세력이 있어도 원래 신라 직제의 관직이 아니다. 장이라는 그의 성도 실제 가문 배경과는 전혀 관계없고, 당에서 생활할 때 중국 사람들이 성을 쓰는 것을 보고 따라했을 뿐이다. 『삼국사기』에 따르면, 그의 고향뿐만 아니라 아버지와 할

아버지가 누구인지도 모른다. 경주의 진골 귀족 김씨에 비하면 그의 위상이 한참 떨어질 수밖에 없다. 장보고는 이 기회를 이용해 명실상부하게 진골 귀족과 어깨를 나란히 하고 싶었다.

김우징이 장보고의 마음을 파악하고, 거사에 성공하면 왕가에 해당하는 대우를 하겠다고 약속했다. 특히 자신이 왕위에 오르면 장보고의 딸을 비로 삼겠다고 했다. 이에 장보고는 의로움을 보고도 실행하지 않는 자는 용기가 없는 사람이라면서 김우징의 제의를 받아들였다. 민애왕의 군대를 격파할 만큼 군사를 내주겠다고 약속했다. 진골이 아닌 집안의 여성을 왕비로 삼는다는 것이 당시 상식으로는 불가능한 일이었다. 왕비는 으레 진골 귀족 여성 중에서 나왔다. 왕이 아닌 진골 귀족도 모두 김씨고, 결혼은 이들끼리만 했다. 골품제라는 신분제도하에서 자신들의 사회적 특권을 유지하려면 근친혼이 당연하다고 여겼다. 이런 당시 상황을 생각하면, 김우징과 장보고의 약속은 뿌리 깊은 골품제의 한계를 뛰어넘는 대사건이었다. 그리고 또 다른 쿠데타의 서막이었다.

꿈에 화살을 맞고 죽은 신무왕

장보고는 김우징과 한 약속을 지키기 위해 838년 2월에 청해진의 군사 5000명을 떼어 오랜 친구 정년에게 맡겼다. 자신이 출정하는 것이 최선일 수 있으나, 위험을 분산하려고 했을 것이다. 장보고가 정년에게 맡긴 병사가 대부분이지만, 김양이 총사령관을 맡고 평동장군平東將軍 이 되었다. 동쪽의 경주를 평정하러 가는 장군이라는 뜻이다. 정년은 그 휘하 염장閻長 등과 장군이 되었다. 청해진 군대는 12월에 전장으로 나섰다.

이 소식을 들은 민애왕이 김민주金敏周에게 군사를 이끌고 가서 싸우게 했다. 양군이 무주 철야현나주 봉황에서 맞붙었고, 결과는 청해진 군대의 승리였다. 이듬해 1월 19일에 김양이 이끄는 부대가 달벌대구에 이르자, 민애왕이 대흔大昕과 윤린允璘 등에게 10만 군사를 이끌고 가서 막게 했다. 하지만 김양의 부대가 승리해 정부군은 반이 넘게 전사했다. 청해진에서 파견된 뛰어난 기병들이 활약한 싸움이다. 다급해진 민애왕은 경주 서쪽의 교외에서 기다리다 별궁인 월유택으로 도망쳤으나, 김양의 군사들에게 발각되어 죽임을 당했다. 그리고 김우징이 나서서 즉위해 신무왕神武王이 되었다.

민애왕의 쿠데타에 참여해 시중까지 하던 이홍은 두려움 때문에 처자식을 버리고 산으로 도망쳤는데, 신무왕이 보낸 기병들에게 잡혀 죽었다. 이로써 신무왕이 반대파의 핵심을 제거할 수 있었다. 하지만 그는 달벌 전투에서 정부군을 이끌던 대흔 같은 이를 관대하게 처분했다. 김헌창의 반란을 진압한 경험이 있는 그가 반란군의 지휘자를 모두 제거하기보다는 통치에 활용하는 쪽을 선택한 것이다.

이제 신무왕이 장보고에게 한 약속을 지킬 차례다. 신무왕은 청해진 대사 장보고를 감의군사感義軍使로 봉하고 식읍 2000호를 주었다. 감의군사는 신라의 군 조직에 없었다. 청해진 소속 군대를 동원한 것에 감사한다는 뜻에서 일종의 명예직을 준 것이다. 실질적인 이익은 식읍에 있었다. 2000호면 꽤 큰 고을에서 나는 세금을 통째로 차지할 수 있었기 때문이다. 삼국 통일의 최대 공로자인 김유신과 맞먹는 대우였다. 하지만 장보고가 더 크게 기대한 것은 왕비 문제였을 것이다. 그런데 신무왕은 이미 결혼한 상태라, 특별한 흠이 없는 이상 왕비를 바꿀 수는 없었다. 장보고의 딸을 왕비로 들인다는 것은 방법이나 절차상 많은 문제를 안고 있어서 좀 더 시간이 필요했다.

사실 신무왕은 왕이 되었어도 그 과정에서 많은 인명을 살상한 것에 대해 부담을 느끼고, 이 때문에 왕이 된 지 불과 6개월 만인 839년 7월에 병으로 자리에 누웠다. 어느 날 꿈에 이홍이 쏜 화살에 등을 맞고 잠에서 깨어 보니 등에 종기가 나 있었다. 요즘 같으면 연고만 발라도 나을 수 있는 피부 질환인데, 당시에는 생명을 위협하는 중병이었다. 결국 7월 23일에 그가 세상을 떠났다.

이홍은 신무왕 김우징이 쿠데타 과정에 마지막으로 죽인 거물이다. 적군의 장군들 가운데 상당수를 살려 준 상황에 이홍을 죽인 것이 신무왕에게 마음의 짐으로 남아 죽음에까지 이르는 원인이 되었다. 결국 신무왕은 제대로 왕 구실을 해 보지도 못했다. 이 죽음은 장보고에게도 큰 충격이었을 것이다. 두 사람의 약속은 앞날을 예측하기 어려운 상황으로 빠져들었다.

장보고의 딸을 왕비로 삼으려 했으나

신무왕이 죽은 뒤 아들인 문성왕文聖王이 즉위했다. 그는 갑작스럽게 국정 안정이라는 책무를 떠안게 되었고, 아버지와 깊은 관계에 있던 장보고에 대한 대우가 중요한 과제로 떠올랐다. 문성왕은 장보고를 대우하는 것부터 서둘렀다. 839년 8월, 신무왕의 즉위를 도운 공적에 대한 보답으로 장보고를 진해장군鎭海將軍으로 삼고 장복章服을 내렸다. 진해는 바다를 제압한다는 뜻이니, 장보고가 명예직이긴 하나 신라의 바다를 지배하는 총사령관이 된 것이다. 무늬가 새겨진 관복인 장복을 내린 것도 일반 관직자보다 높은 장보고의 권위를 표현한 것이다. 신라에서 장군은 진골만의 호칭이었으니, 장보고는 진골에 버금가는 대우를 받은 셈이다. 이런 대우로 문성왕은 장보고를 아버지 신무왕처럼 존중하겠다는 뜻을 드러냈다. 장보고도 문성왕이 아버지의 약속을 지키길 바랐다. 그런데 842년 3월에 문성왕이 김양의 딸을 비로 삼았다. 김양은 민애왕을 몰아내기 위해 구성한 군의 총사령관을 맡은 공으로 시중 겸 병부령까지 되었으니 실권자라 할 수 있다. 진골 귀족 내에서 왕비를 들이는 전통상 그의 딸은 충분히 왕비가 될 수 있었다. 하지만 장보고로서는 이를 받아들이기가 어려웠을 것이다. 장보고가 자신의 딸을 왕비로 들이지 않은 이유를 따지고, 문성왕은 아버지와 장보고의 약속에 대한 책임이 없다고 여길 수도 있었다. 하지만 문성왕도 장보고의 덕을 본 것은 사실이고, 무엇보다 장보고의 군사력을 무시할 수 없었다. 결국 845년 3월에 문성왕이 장보고의 딸을 둘째 비로 삼겠다고 발표했다. 그 나름대로 아버지와 장보고의 약속을 지키는 선택이었다.

그러나 신하들이 결사적으로 반대하고 나섰다. 중국에서 여자 때문에 나라가 망한 경우를 들먹이면서 장보고 같은 섬사람의 딸을 왕비로 들

문성왕릉
문성왕은 장보고의 딸을 둘째 비로 들이려다 결국 장보고를 제거했다.

여선 안 된다고 강조했다. 진골 귀족 왕비를 들이는 전통을 생각하면 옳은 말이었다. 진흥왕의 조카인 만명이 금관국 구해왕의 손자인 서현과 결혼했지만, 당시 금관국의 왕족은 진골 귀족에 버금가는 지위를 인정받고 있었다. 지방 세력이 왕실과 결혼으로 연결된 사례는 없었다. 어찌 보면 신하들이 문성왕의 가려운 곳을 긁어 주는 것이었다. 장보고의 힘을 빌려 신무왕의 즉위를 도운 김양 같은 사람들이 앞장서니, 결국 문성왕은 그 의견을 따랐다. 장보고를 제거하기 위해 김양과 연합한 셈이다. 아버지의 의리보다는 현실적 이익을 선택한 것이다.

이 소식을 들은 장보고는 크게 분노했다. 얼마 후인 12월 1일, 하늘에 세 개의 태양이 나란히 나타났다고 한다. 태양은 왕을 가리키니, 이는 반란의 징후였다. 둘은 신무왕과 문성왕이고, 하나는 장보고를 가리킬 것이기 때문이다. 실제로 846년 봄, 장보고가 청해진을 근거지로 반란을 일으켰다. 정부는 장보고를 토벌할 만한 힘이 사실상 없지만 그대로 방치할 수도 없으니 문성왕이 어려운 상황에 처했다. 이때 나선 사람이 무주광주 출신 염장이다. 그는 민애왕을 몰아낼 때 김양과 함께한 장군 중 한 명이다. 고향과 가까운 청해진 내부의 사정도 잘 알고 있었다. 그가 자신을 믿어 주면 맨주먹으로 장보고의 목을 베어 바치겠다고 장담했다. 뾰족한 수가 없던 문성왕은 그의 말을 따랐다.

염장이 청해진으로 장보고를 찾아갔다. 그는 자신이 문성왕에게 원망이 쌓여 있다면서 장보고에게 충성하고 일신을 보전하게 해 달라고 부탁했다. 장보고는 크게 화내며 자신의 딸과 왕의 결혼을 방해한 자가 무슨 낯으로 찾아왔냐고 윽박질렀다. 염장은 자신이 아니라 다른 신하들이 결혼을 방해했다고 답했다. 염장의 용맹을 아는 장보고는 더 의심하지 않고 그를 받아들였다. 두 사람이 함께 술을 마시면서 즐거운 시간을 보낸 뒤 장보고가 술에 취하자, 염장이 장보고의 칼을 빼앗아 목을 베어 버렸다. 돌이킬 수 없는 상황에서 장보고의 부하들은 감히 염장에게 대항하지 못했다. 염장에게 이 사실을 보고받은 문성왕은 크게 기뻐했다. 사실 장보고는 신무왕과 문성왕에게 은인인 동시에 부담스러운 존재였기 때문에, 그가 죽었다는 소식에 묵은 체증이 한 번에 내려가는 듯했을 것이다. 문성왕은 염장에게 큰 상과 아찬 벼슬을 내렸다. 진골 귀족이 아닌 사람이 올라갈 수 있는 최고 관등이었다.

하지만 장보고가 죽었다고 해서 정치가 안정되진 않았다. 막강한 세력가의 죽음이 남은 세력들의 다툼을 가져왔다. 이듬해인 847년 5월에 이찬 양순良順이 반란을 일으켰다. 양순은 신무왕이 청해진으로 피신할 때 함께한 인연으로 문성왕 대에는 이찬으로서 시중까지 맡았다. 그래도 만족하지 않고 더한 대우를 바라다 거부당하면서 일으킨 반란은 곧 정부군에게 진압되었다. 여러 차례 쿠데타를 본 문성왕은 후계자를 빨리 정해야겠다는 생각에 바로 왕자를 태자로 삼았다. 하지만 849년 9월에도 대흔이 반란을 꾀하다 죽임을 당했다. 대흔은 김우징이 민애왕을 몰아낼 때 민애왕 편에 섰다가 용서받은 인물이다. 문성왕은 대흔이 배은망덕하다고 생각했을 것이다. 잦은 쿠데타에 진저리가 난 문성왕은 반란의 싹을 미리 제거하고 싶었다. 가장 염려되는 곳은 장보고의 근거지였던 청해진이다. 그의 휘하에 있던 인맥과 군사력이 언제든 다시 들고일어날 가능성이 있었기 때문이다. 851년 2월에 문성왕이 청해진을 폐쇄하고, 이곳 사람들을 벽골군碧骨郡으로 이주시켰다. 장보고 세력의 근거지가 역사 속으로 사라진 것이다.

　장보고와 김우징의 약속은 왕위를 둘러싼 치열한 다툼 속에서 저마다 이익을 위한 것이었다. 김우징이 다급한 상황 때문에 골품제를 뛰어넘는 내용을 담았지만, 일찍 세상을 떠나는 바람에 이 약속은 지켜지지 않았다. 그나마 진골 귀족의 기득권이 강고한 가운데 두 사람의 약속이 상당 기간 동안 실효적 힘이 있었다는 것은 골품제에 타격이 되었다고 볼 수 있다. 그리고 이런 경험이 신라 말에 새로운 역사의 주인공들이 탄생하는 데 영향을 주었다.

13

경문왕, 신라의 중흥을 꾀하다

면접시험으로 왕이 된 응렴

신라에서 왕위는 원칙적으로 선왕의 아들이나 가까운 친척이 이어받았다. 그런데 경문왕景文王은 유일하게 면접시험을 거쳐 즉위했다. 여기에는 문성왕 이후 왕족의 혈연관계와 정치적 이해관계가 얽혀 있었다.

문성왕이 부담스럽던 장보고를 제거할 수 있었지만 아들에게 왕위를 물려주는 데는 실패했다. 847년에 책봉된 태자가 852년에 사망했기 때문이다. 857년 9월, 문성왕은 유언을 통해 숙부인 의정誼靖에게 왕위를 물려주었다. 시중을 맡고 있다 849년에 상대등이 된 의정은 왕과 가까운 집안의 어른으로서 무게감이 있었다. 문성왕에게 아들이 있었다면 후견을 맡았을 의정이 태자의 이른 죽음으로 왕위를 맡은 것이다.

그런데 이렇게 즉위한 헌안왕憲安王에게도 아들이 없고, 딸만 둘이 있었다. 비교적 나이가 들어 즉위한 그에게도 아들이 없다는 것은 커다란 짐이었다. 아버지인 균정의 후손 중에도 내세울 만한 아들이 없고, 큰아버지 김헌정金憲貞에게 아들과 손자가 있었다. 헌정의 아들인 희강왕은 민애왕의 쿠데타 과정에 자살했고, 희강왕의 아들 계명啓明은 헌안왕 대에 살아 있었다. 헌안왕이 상대등일 때, 문성왕 대인 848년부터 시중을 맡은 오촌 조카 계명과 힘을 모아 나랏일을 했다. 헌안왕과 계명이 친밀한 관계를 유지한 것이다. 계명에게는 열다섯 살에 화랑이 되어 낭도를

경문왕가의 형성

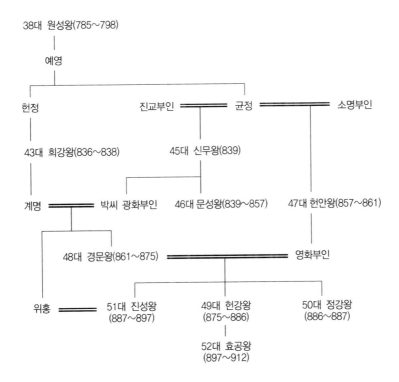

이끄는 아들 응렴膺廉도 있었다. 응렴은 계명의 지원 속에 낭도와 전국을 돌아다니면서 세상 공부를 했다. 이런 움직임은 자연히 헌안왕의 귀에도 들어갔다. 헌안왕이 임해전안압지에서 신하들을 불러 잔치를 베풀었는데, 왕족인 응렴도 참석했다. 이때 왕이 갑자기 응렴에게 물었다. "그동안 공부하러 돌아다니면서 착한 사람을 본 적이 있느냐?" 15세 화랑에게는 다소 뜬금없는 질문이었다. 헌안왕은 아마 세상 사람들을 보는 응렴의 눈과 자질이 어떤지 판단하고 싶었을 것이다.

응렴은 진실로 착하게 행동한 사람 셋을 보았다고 말했다. 귀한 집 자식이면서도 남에게 자신을 내세우지 않고 겸손하게 처신한 사람, 집이 부유해 사치스러운 옷을 입을 수 있는데도 항상 삼베와 모시로 지은 옷을 입고 만족한 사람, 권세와 영화를 누리지만 한 번도 다른 사람에게 위세를 부리지 않은 사람이었다. 높은 신분과 많은 재물과 큰 권력은 세상 사람들이 모두 탐낸다. 이런 것을 가지고도 절제할 줄 아는 사람은 많지 않다. 이런 사람을 알아봤으니, 응렴의 판단력이 뛰어났다. 또한 세상 사람들이 탐내는 세 가지를 모두 가진 사람은 사실 왕밖에 없다는 점에서 응렴의 판단력은 왕의 자질과도 통했다.

헌안왕은 속으로 쾌재를 불렀다. 자기도 모르게 눈물이 날 정도로 기뻤다. 사위로 삼아도 되겠다는 확신이 든 것이다. 그가 응렴 같은 사람이 없을 거라고 비에게 속삭였다. 그리고는 응렴에게 딸을 주겠다고 말했다. 술자리를 이어 가다 왕이 다시 입을 열었다. 왕의 두 딸, 스무 살인 언니와 열아홉 살인 동생 중 원하는 사람과 결혼하라는 것이었다. 당시 열아홉 살이면 혼기를 꽉 채운 나이니, 아들이 없는 헌안왕에게 사위를 정하는 일은 더없이 중요했다. 이렇게 제안하기까지 왕은 오랫동안 고민하며 왕실 청년들을 두루 신중하게 살폈을 것이다. 응렴은 왕의 제안을 사양했지만 고마워하며 집으로 돌아갔다. 아버지 계명과 어머니는 응렴에게 왕의 두 딸 중 용모가 더 뛰어난 동생과 결혼하라고 권했다. 하지만 응렴은 결심하지 못하고 흥륜사의 승려에게 고민을 털어놓았다. 승려의 조언은, 동생과 결혼하면 세 가지 손해를 보고 언니와 결혼하면 세 가지 이익을 본다는 것이었다. 이 승려가 응렴이 이끄는 낭도의 우두머리인 범교사範敎師라고도 전하는데, 범교사는 모범이 되는 스승을 뜻하기 때문에 응렴의 아랫사람이었을지 의문스럽다. 이 승려는 응렴의 낭도와 친하거나 범교사 구실을 했을 것이다. 그는 응렴이 동생과 결혼하면 눈앞에서 죽어 버리겠다고까지 말했다고 한다. 응렴은 화랑으로서 언제나 낭도와 함께했으니, 그가 왕의 사위가 되는 것은 낭도에게도 중대한 문제였다. 이들 중 다수는 응렴이 동생과 결혼하는 편이 여러 면에서 유리하다는 의견을 제시했다. 응렴은 여전히 결정하지 못한 채 왕을 찾아갔다. 감히 스스로 결정할 수 없으니, 왕이 명하는 대로 따르겠다고 말했다. 『삼국유사』는 응렴이 언니와 결혼하고 싶다는 뜻을 인편에 전했다고 한다. 이렇게 중대한 문제를 즉흥적으로 결정하지는 않았을 것이다. 응렴의 아버지인 계명과 헌안왕 사이에 공감이 있었을 테고, 결국 왕은 응렴과 첫째 딸을 결혼시켰다.

861년 1월에 헌안왕은 병으로 자리에 누워 끝내 일어나지 못했다. 그가 신하들에게 유언했다. 우리 역사에 선덕여왕과 진덕여왕이 있으니 딸에게 왕위를 물려줄 수도 있지만, 이는 암탉이 새벽을 알리는 것처럼 본받을 일이 못 된다고 했다. 그 대신 응렴이 어리지만 노련하면서도 뛰어난 덕을 갖췄으니, 그에게 왕위를 넘기겠다고 했다. 응렴은 선조로부터 이어 온 위업을 잘 계승할 테니, 그럼 자신은 죽어도 썩지 않을 것이라고 단언했다. 이 유언에 따라 응렴이 즉위하니, 그가 경문왕이다.

응렴은 왕이 된 뒤에 헌안왕의 둘째 딸도 비로 삼았다. 요즘 상식으로는 허락되지 않는 일이지만, 당시 왕족 사이에는 근친혼이 흔했기 때문에 어렵지 않았다. 경문왕이 자매 중 누구와 결혼할지 고민할 때 언니와 결혼하면 세 가지 이익이 있을 거라던 승려의 예언이 떠올랐다. 승려를 불러 그때 말한 세 가지 이익이 무엇인지 물었다. 이때 승려가 명쾌하게 답했다. 첫째, 왕과 왕비가 서로 뜻이 맞은 것을 기뻐해 왕비에 대한 총애가 깊어진 것이다. 둘째, 이 때문에 왕위를 얻게 된 것이다. 셋째, 전부터 바라던 대로 동생을 아내로 삼게 된 것이다. 첫째 이익은 응렴이 선택한 언니도 그를 반겨 두 사람의 사이가 좋아졌다는 것이다. 이 선택 때문에 응렴은 원하던 둘째와 셋째 이익도 자연스럽게 볼 수 있었다. 만일 응렴이 용모만 중시해 동생과 결혼했다면, 왕위는 첫째 사위에게 돌아갔을 가능성이 크다. 그럼 계명과 헌안왕의 사이도 불편해졌을 것이다. 헌안왕이 점찍어 둔 응렴 가문과 첫째 사위 가문 사이에 피바람이 몰아쳤을 수도 있다. 응렴이 언니를 선택한 것은 본인과 아버지 계명뿐만 아니라 헌안왕을 위해서도 현명했다.

임해전 연회에서 착한 행실에 대해 물은 것이 첫 번째 면접시험이라면, 결혼 상대를 정하라는 것은 두 번째 면접시험이었다. 응렴은 두 시험을 잘 치르고 왕위를 차지했다. 사실 응렴은 헌안왕에게 육촌 손자뻘이니, 왕위를 계승하기에 떳떳한 관계는 아니었다. 하지만 두 번에 걸친 면접시험을 잘 치르면서 이런 약점을 덮은 것이다.

임금님 귀는 당나귀 귀

경문왕이 헌안왕의 먼 친척이면서도 성공적으로 왕위에 올랐지만, 왕권을 안정시키는 것은 쉽지 않았다. 그와 동물의 인연을 강조한 이야기가 바로 그의 고민과 연결되어 있다. 경문왕이 왕위에 오르면서 귀가 갑자기 길어져서 당나귀 귀처럼 되었다고 한다. 그는 이 사실을 철저히 감췄다. 항상 복두를 써서 귀를 가린 것이다. 궁궐 사람들뿐만 아니라 왕비도 왕의 귀가 이상한지 몰랐는데 딱 한 사람, 복두를 만든 사람은 왕의 비밀을 알고 있었다. 당연히 왕의 귀가 어떻게 생겼는지 말하는 것은 절대 금지였고, 그는 평생 비밀을 지켰다. 하지만 죽음이 가까워지자, 그가 경주 도림사 주변의 대숲에 들어가 "우리 임금님 귀는 당나귀 귀요!" 하고 크게 외쳤다고 한다. 평생 묵은 체증이 쑥 내려가는 기분이었을 것이다. 그런데 그가 왕의 비밀을 외친 뒤 바람만 불면 대숲에서 그의 외침과 똑같은 말소리가 들렸다고 한다. 이 이야기가 사실이라면, 왕의 복두 기술자는 고객을 잘못 만나 평생 입이 간지럽고 목구멍에서 뭔가가 솟구치는 괴로움을 안고 산 것이다. 왕은 당나귀처럼 커다란 귀를 내보이기 싫어했고, 대숲에서 들려오는 말소리에도 괴로워했다. 왕이 되자마자 이런 고민을 안았으니, 경문왕의 통치가 순탄치 않았음을 알 수 있다.

경문왕에게 왕위를 물려준 헌안왕은 원성왕의 손자인 균정의 아들이다. 그가 왕위를 넘겨주면서 균정의 집안사람들을 잘 챙기도록 부탁했을 것이다. 그런데 응렴은 원성왕의 또 다른 손자인 헌정의 증손자니, 두 집안을 동시에 존중해야 하는 처지가 된 것이다. 어머니의 친정인 박씨 집안도 무시할 수 없었다. 경문왕이 즉위 직후인 862년에 김정金正을 상대등으로 삼고 위진魏珍을 시중으로 삼아 국정을 맡긴 뒤로 적어도 몇 년간 별다른 정치적 분란은 없었다.

하지만 866년 10월에 이찬 윤흥允興과 그 형제들이 반란을 꾀했다. 이찬은 상대등이나 시중을 맡을 만큼 높은 관등이니, 윤흥 형제는 분명히 왕족이었다. 균정계에 속한 이들이 경문왕이 자기 집안인 헌정계를 중심으로 통치하는 데 불만을 품고 반란을 꾀한 것으로 보인다. 이들의 반란은 모의 단계에 발각돼, 윤흥은 물론이고 그 가족까지 모두 죽임을 당했다. 경문왕으로서는 그렇게 함으로써 화근을 없앤 것이다.

868년 1월에는 김예金銳와 김현金鉉 등이 반란을 꾀하다가 죽임을 당했다. 문성왕의 사촌 동생인 김예는 문성왕 대인 855년에 열셋째 관등인 사지로서 웅천주 기량현의 현령을 맡았다. 그 뒤 승진을 거듭해 이찬까지 오른 것이 경문왕에게 대우받은 결과로 보이지만, 균정의 손자인 그도 경문왕이 헌정계를 우대하는 데 불만을 느꼈을 것이다.

874년 1월에는 상대등 김정이 죽어 시중 위진을 상대등으로 삼고, 인흥魏興을 새 시중으로 임명했다. 최고 관직의 인사가 12년 만에야 있었으니, 인사 관리는 안정적이었다. 그런데 5월에 이찬 근종近宗이 반란을 일으켜 궁궐을 공격했다. 경문왕이 궁궐 수비군을 출동시켜 진압했고, 근종은 상황이 불리해지자 밤중에 무리를 이끌고 도성을 빠져나갔다가 붙잡혀 거열형을 당했다. 사지를 각각 묶어 연결한 말이나 수레를 서로 다른 방향으로 달리게 해 죄인을 찢어 죽이는 것이 거열형이다. 근종의 불만이 인사 때문에 생겼다면, 그도 균정계일 가능성이 크다.

경문왕이 처음에는 균정계도 우대하다 점차 자기 가문을 중심으로 정권을 재편해 나갔다. 이 과정에 반대파의 불만이 자주 터져 나와 반란으로 이어졌다. 경문왕은 반란을 모두 진압했지만, 마음에 큰 부담이 있었다. 이를 해결하려면 무엇보다 왕에 대한 충성을 이끌어 내기 위한 분위기 조성이 중요했다. 그래서 863년 2월에 국학을 방문해 유교 경전

황룡사 9층 목탑지
이 목탑은 선덕여왕 대에 조성되었다가 고려 대에 몽고의 침입으로 불탔다. 이곳에서 경덕왕은 연등회를 관람하고 잔치를 베풀었다.

에 대한 강의를 듣고, 직원들에게 직급별로 기념품을 하사했다. 유교 교육기관인 국학이 국가와 왕에 대한 충성을 강조하는 데 매우 중요한 구실을 했기 때문에, 신문왕이나 경덕왕처럼 왕권 강화를 추구한 왕에게 특별한 의미가 있다. 경문왕도 이들과 마찬가지인데, 국가 사찰에도 관심을 많이 보였다는 점이 두드러진다. 866년 정월 대보름에 그가 황룡사에 행차해 연등회를 관람하고 신하들에게 잔치를 베풀었다. 황룡사는 진흥왕이 왕의 위엄을 강조하기 위해 지은 사찰로, 선덕여왕은 부처의 힘으로 외적을 막고 나라의 번영을 추구하기 위해 이곳에 9층 목탑을 세웠다. 선왕의 육촌 손자로서 왕위를 물려받은 경문왕이 대보름에 국가 사찰 황룡사를 방문한 것은 왕권의 안정을 위해 당연한 행보였다.

그런데 김예의 반란 직후인 868년 6월에 황룡사 9층 목탑에 벼락이 쳤다. 이 때문에 목탑이 크게 훼손되었는데, 왕권의 상징이 손상된 것이 더 큰 문제였다. 따라서 경문왕이 재건에 나섰고, 873년 9월에 완성된 탑은 높이가 60미터를 넘었다고 한다.

경문왕은 원성왕을 추모하는 사찰, 곡사도 재건했다. 8세기 선덕왕 대 이전에 건립된 곡사는 원성왕릉 조성과 함께 현재의 경주시 외동읍 말방리로 옮겨졌다. 그 뒤 곡사는 원성왕을 추모하기 위한 사찰로 변했다. 경문왕은 꿈에 원성왕을 보고 이 절을 크게 확장했다. 자신의 5대조이며 신라 하대의 왕통을 연 원성왕에 대한 추모 분위기를 조성한 것이다. 한편으로는 헌안왕의 균정계나 자신이 속한 헌정계나 모두 원성왕의 후손이라는 점을 강조한다는 뜻도 있었다. 두 집안의 화합을 도모해 왕권의 정당성을 드러내려 한 것이다. 경문왕이 곡사의 중창을 마무리

대숭복사지
곡사가 이곳 외동읍 말방리로 옮겨지고 경문왕 대부터 헌강왕 대까지 확장된 뒤 이름이 대숭복사로 바뀌었다.

하지는 못했어도 이 사업을 왕권 안정에 최대한 활용했다.

경문왕은 왕권의 불안을 잠재우기 위해 반대 세력을 억누르고, 충성을 이끌어 내기 위해 국학과 국가 사찰에 관심을 기울였다. 또 원성왕에 대한 추모 사업으로 자신의 정통성을 내세웠다. 하지만 당나귀 귀 이야기에서 반대파의 움직임에 항상 예민할 수밖에 없던 그의 고충이 드러난다. 당나귀는 힘이 좋고 인내심이 강한 편이다. 눈치가 빠르고 머리도 좋다. 몸집에 비해 성기가 커서 성적인 농담의 소재가 되기도 하지만 보통 순박하고 우직하게 노력하는 사람을 상징한다. 이런 특성을 종합할 때 경덕왕은 남의 말을 열심히 들으면서도 우직하고 고집스러운 면이 있었던 것 같다. 자신의 통치에 대한 지배 세력의 시각에 늘 신경

썼는데, 대숲에서 임금님 귀가 크다는 소리가 계속 들렸다는 점에서 반대파의 목소리가 수그러들지 않았을 것이다. 그 소리가 듣기 싫어서 도림사 숲의 대나무를 자르고 산수유를 심었더니 '우리 임금님 귀는 길다'는 소리만 들렸다고 한다. 왕의 억압으로 반대파의 목소리가 줄었어도 아예 그치지는 않은 것이다. 산수유는 기력이 약하거나 소변을 잘 보지 못하는 남성에게 효능이 있다고 한다. 875년에 40세로 세상을 떠난 경문왕이 아주 건강했다고 보긴 어렵다. 당나귀 귀 이야기에 산수유가 등장하는 것을 보면, 반대파를 처리하는 과정에 몸과 마음이 적잖이 상한 듯하다.

경문왕의 잠자리에 뱀이 무수히 모여들어 놀란 궁궐 사람들이 뱀을 쫓았는데, 왕은 뱀이 없으면 편히 잘 수 없으니 그냥 두라고 했다. 왕이 잘 때마다 뱀이 혀를 날름거리며 가슴을 빈틈없이 덮어 주었다고 한다. 뱀은 냉혈동물인데 생명력을 상징한다. 그래서 경문왕은 열이 많은 체질이었다는 의견이 있다. 하지만 경문왕이 처한 상황을 종합해 보면, 뱀이 반대파로부터 그를 보호하는 구실을 했을 것이다. 경문왕은 즉위 당시의 정치적 어려움을 극복하기 위해 왕권의 안정을 적극적으로 밀어붙였다. 그래서 고민이 많았지만, 결과적으로는 왕으로서 비교적 무난하게 생을 마감했다. 이 과정의 노력이 당나귀와 뱀의 이야기로 전하는 것이다.

작은 왕통을 열다

경문왕은 헌안왕에게 아들이 없어서 왕이 될 수 있었다. 신라 하대에는 쿠데타가 잦고, 아들이 없어 왕위를 비정상적으로 잇는 경우도 많았다. 경문왕이 헌안왕의 두 딸을 모두 부인으로 맞이한 것도 아들에게 왕위를 물려준다는 목표와 무관하지 않을 것이다.

경문왕에게는 첫째 아들 정晸과 둘째 아들 황晃이 있었다. 이 중 정이 태자로 임명되었다. 경문왕이 세상을 떠나자 태자가 자연스럽게 왕위에 올랐으니, 그가 헌강왕憲康王이다. 아버지처럼 국학과 황룡사를 중시한 그는 아버지가 확장한 곡사의 이름을 대숭복사로 바꿨다. 곡사는 주변에 고니[鵠] 모양 바위가 있어서 지어진 이름이고, 숭복은 복을 높인다는 뜻이다. 바로 원성왕의 복으로, 아버지처럼 원성왕을 떠받들어 왕권을 안정시키겠다는 의지가 보인다. 실제로 헌강왕 대에는 879년 6월에 일길찬 신홍信弘이 반란을 일으키다가 죽임을 당한 것 외에는 정치가 비교적 안정되었다.

헌강왕 대에 경주의 민가에서는 기와지붕이 연이어 올라가고 나무 대신 숯으로 밥을 지어 먹었다고 한다. 기후도 온화해서 해마다 풍년이 들어 백성의 생활이 비교적 양호했던 것 같다. 헌강왕이 임해전에서 신하들에게 잔치를 베풀고 스스로 거문고를 타기도 했다. 동해 개운포에 행차했을 때는 동해의 용이 일곱 아들을 거느리고 나타나 왕의 덕을 찬양했다고 전한다. 하지만 좋은 징조만 있었던 것은 아니다. 궁궐에서 잔치를 열고 있을 때 지신地神이 나타나 춤추고 노래하면서 '지리다도파

도파^{智理多都波都波}'라고 외쳤다고 한다. 지혜로 나라를 다스리는 사람이 많이 도망해 신라의 도읍이 점차 파괴된다는 뜻이다. 이런 징후가 나타난 배경은 헌강왕에게 아들이 없다는 사실인 것 같다. 불안정한 왕위 계승이 파란을 자주 불러왔기 때문이다.

이런 상황에서 886년 7월에 헌강왕이 세상을 떠나자 동생 황이 즉위했다. 그가 정강왕定康王이다. 아들 없이 재위 1년 만에 세상을 떠난 이 왕 대에는 천재지변이 잦아 백성들이 어렵게 살았다. 887년 7월에 그가 누이인 만曼에게 왕위를 이으라고 유언하고 세상을 떠났다. 이렇게 즉위한 왕이 진성여왕眞聖女王이다.

진성여왕은 삼촌이며 각간인 위홍魏弘과 정을 통했지만, 왕으로 삼을 만한 아들을 남기지는 않았다. 진성여왕에게 양패良貝를 비롯해 아들들이 있었다는데, 사실이 아닐 가능성이 크다. 다만 헌강왕이 사냥하러 나갔다가 길에서 만난 여자와 정을 통해 낳은 서자 요嶢가 있었다. 이 사실이 알려진 895년 10월에 진성여왕은 요를 태자로 삼았다. 897년 12월에는 왕이 세상을 떠나고 요가 즉위했다. 그가 효공왕孝恭王이다.

우여곡절이 있었지만, 효공왕 대까지 경문왕의 핏줄이 왕위를 계속 이었다. 신라 하대에 쿠데타와 비정상적인 왕위 계승이 많았다는 사실을 생각하면 왕위 계승 과정이 상대적으로 순탄했다. 이런 점에서 경문왕은 원성왕계의 작은 왕통을 열었다고 볼 수 있다. 효공왕 대 뒤로는 왕위가 비정상적으로 계승되었지만, 왕은 어떤 식으로든 경문왕의 후손과 연관되었다. 신라가 멸망한 경순왕 대까지도 경문왕의 그림자가 드리워 있었다. 경문왕이 일으킨 작은 왕통은 신라를 상대적으로 안정시

킬 수 있었다. 그는 유교 정치와 불교의 권위에 기대어 신라를 중흥하려
했다. 이런 노력이 왕권의 안정에 어느 정도 도움이 되었으나 과거의
영광을 재현하기에는 부족했다. 신라의 부흥이 그의 후손들로서는 더욱
더 감당하기 어려운 과업이었다.

14

최치원과 진성여왕,
개혁과 보수의 기로에 서다

세 번째 여왕의 탄생

8세기 말 이후인 신라 하대는 정치적 혼란과 국운의 쇠락이 점철했다고 알려져 있다. 하지만 이 기간에도 일부 왕은 비교적 안정된 지배력을 행사해 국정 운영이 순조로웠다. 하지만 진성여왕 대부터 신라가 실질적으로 몰락의 길을 걸었다. 그럼 이 시기에 신라의 운명이 결정적으로 갈린 이유가 궁금해진다.

우리 역사에서 여왕은 신라에만 셋이 있는데, 진성여왕은 중대 이후 유일한 여왕이다. 당시에는 대개 왕은 당연히 남성이 맡아야 한다고 여겼다. 따라서 왕에게 아들이 없다는 것은 언제나 큰 문제였다. 끝내 아들을 얻지 못하면 최대한 가까운 친척 중에서 남성이 왕위를 이었다. 이것도 어려울 경우에는 먼 친척이 즉위하기도 했고, 여왕의 즉위에는 언제나 불가피한 사정이 있었다.

진평왕은 김씨 마야부인摩耶夫人을 비로 맞았지만 아들을 얻지 못했다. 왕이 세상을 떠나고 남은 자식은 딸 덕만德曼뿐이었다. 왕위를 이을 수 있는 성골 남자는 없었다. 진지왕의 아들이며 진평왕에게 사촌인 용춘이 있었지만, 진지왕은 지배 세력의 손에 폐위당했기 때문에 그 아들이 왕위를 이을 순 없었다. 반면에, 덕만은 진평왕의 동생인 음갈문왕飮葛文王과 결혼해 왕가의 혈통을 잘 간직하고 있었으며 성품도 어질고 똑똑하다고 알려졌다. 용춘이 덕만의 즉위를 지지한 것도 큰 힘이 되어 선덕여왕이 왕위에 오를 수 있었다. 선덕여왕의 즉위는 성골 범위 안에서 진평왕의 혈통을 보존하기 위해 왕족들이 합의한 결과다.

그런데 선덕여왕이 자식을 남기지 못하고 세상을 떠났다. 왕위를 이을 성골 남자는 당연히 없었고, 진평왕의 동생인 국반의 딸들이 주목받았다. 그중 천명은 성골이 아닌 용춘과 결혼해 왕위에 오를 수 없었지만, 승만勝曼은 이런 문제가 없었다. 큰 키에 팔이 길어, 바로 서서 팔을 내리면 손이 무릎 아래에 있었다고 전한다. 이런 외모가 부처의 신체적 특징과 통하니, 승만의 특출난 능력을 드러낸 것으로 볼 수 있다. 게다가 선덕여왕 말년에 비담의 난을 진압한 김유신 그리고 용춘의 아들인 김춘추의 지지를 받아 진덕여왕이 즉위했다. 역시 성골 혈통의 왕위를 보존한다는 전제하에 유력한 지배 세력 간 합의가 있었다.

헌안왕의 사위로서 왕이 된 경문왕은 직계 후손에게 왕위를 물려주기 위해 많이 노력한 결과, 아들인 헌강왕과 정강왕이 차례로 왕좌에 앉았다. 하지만 이들이 모두 아들 없이 세상을 떠나면서 같은 문제가 반복되었다. 헌강왕에게 아들 요가 있었지만, 궁궐 밖에서 자란 네 살배기 서자일 뿐이었다. 당시에는 이런 경우 왕족으로 인정하지도 않았다. 헌강왕에게는 왕비에게서 낳은 딸도 둘이 있었지만 너무 어렸기 때문에, 정강왕은 자신의 동생이며 경문왕의 딸인 만이 왕위를 잇도록 시중 준흥俊興에게 유언했다. 역시 경문왕 집안의 혈통을 보존하기 위한 조치였고, 만은 뼈대가 남자 같아서 통치하는 데 문제가 없다고 여겨졌다. 선덕여왕과 진덕여왕의 경우가 역사적 근거로 소환되었고, 경문왕의 동생 위홍의 후원이 큰 힘으로 작용했다. 위홍은 이미 헌강왕 1년875부터 상대등을 맡을 만큼 정치적 힘이 있었다. 진성여왕이 경문왕 집안의 왕통을 보존한다는 원칙과 합의 속에서 등장한 것이다.

진성여왕의 통치도 이런 조건의 영향을 받을 수밖에 없었다. 삼국 통일 이후 새로 즉위한 왕의 통치 방향은 상대등과 시중 임명으로 윤곽을 드러내곤 했는데, 진성여왕 대에는 삼촌인 위홍이 여전히 상대등 자리를 지켰다. 정강왕 즉위년886에 시중이 된 준흥도 자리를 계속 지켰다. 이렇게 정부를 이끌어 갈 최고위직을 그대로 이어받은 진성여왕은 스스로 정책 방향을 제시할 기회를 처음부터 차단당한 것이다. 이는 정강왕에게 아들이 없는 상황에서 일종의 비상조치로 진성여왕이 즉위한 데 이유가 있다. 진성여왕은 위홍과 준흥이 만들어 놓은 틀 안에서 통치해야 하는 상황에 갇혔다. 여왕 자신의 존재감을 드러내기는 쉽지 않았다.

진성여왕이 즉위했을 때는 경제적인 상황도 좋지 않았다. 헌강왕 대와 달리 가뭄이 심하고 흉년이 거듭된 정강왕 대는 민심이 흉흉했다. 더욱이 한주河南에 근거한 이찬 김요金堯가 이런 상황을 이용해 반란을 일으켰다. 정강왕이 군대를 보내 이를 진압했지만, 왕족이 지방에 근거해 반란을 일으켰다는 것은 심각한 분열의 징조다.

이렇게 진성여왕이 즉위할 때 처한 상황은 선덕여왕이나 진덕여왕 때와 크게 달랐다. 왕실 세력이나 지방 세력과 관계하는 데도 훨씬 큰 난관이 앞을 가로막고 있었다. 진성여왕은 자신뿐만 아니라 왕실 그리고 신라의 운명을 개척하는 데 중대한 기로에 섰다.

왕거인의 예언

진성여왕은 887년에 즉위하자마자 경주와 지방의 민심을 달래는 데 힘을 쏟았다. 폭넓은 사면을 단행하고 여러 지역의 조세를 1년간 면제해 주었다. 연속된 흉년으로 지친 백성의 불만을 잠재우려 한 것이다. 황룡사에서 대규모 법회를 열고 직접 참여하기도 했다. 부처의 자비로 나라를 잘 통치하겠다는 신호였다. 그런데 이해에 눈이 전혀 오지 않았다. 기후가 좋지 않고 미래 전망도 밝지 않을 수 있었다.

정치적 실세들을 견제하려는 노력은 없었다. 오히려 진성여왕은 각간 위홍에게 정치를 거의 맡기다시피 했다. 여왕뿐 아니라 헌강왕과 정강왕의 삼촌인 위홍은 당시 최고의 실세였다. 여왕은 위홍과 정까지 통했다. 위홍에게는 이미 배우자가 있었으니 오늘날의 관념으로는 패륜의 극치지만, 신라 왕실에서는 삼촌과 조카의 결혼이 드물지 않았다. 위홍은 진성여왕이 어렸을 때부터 보호자 구실을 하다 끝내 여왕의 정부情夫가

되었다. 사실 이보다 더 큰 문제는 여왕이 정치를 지나치게 위홍에게 의존하고 위홍의 부인까지 정치를 간섭한 것이다.

888년 2월, 진성여왕의 명령으로 위홍이 승려 대구화상大矩和尙과 향가집『삼대목三代目』을 펴냈다. 삼대가 신라의 1,000년 역사를 구분하는 상대, 중대, 하대라는 견해가 있다. 신라인들이 신라의 역사를 삼대로 구분하고, 선덕왕 이후를 하대로 여겼다는 것이다. 하지만 이 시대구분은 신라가 곧 망한다는 가정이 있어야 하기 때문에 받아들이기 어렵다. 진성여왕이 세상을 떠나고 거의 40년 만에 신라가 망했지만,『삼대목』이 편찬된 888년에는 신라의 멸망 시기가 결정되지 않았기 때문이다. 따라서 삼대는 진성여왕의 아버지와 형제들, 즉 경문왕·헌강왕·정강왕의 재위기를 가리킬 것이다. 이런 점에서『삼대목』의 편찬은 진성여왕과 위홍이 자기 가문의 통치를 정당화하는 작업이었다.

그런데『삼대목』을 펴낸 달에 갑자기 위홍이 죽었다. 왕에게는 정치개혁을 막는 장애물이 사라진 것이나 마찬가지였다. 하지만 준홍은 시중 자리를 지켰고, 왕은 젊은 미남 두세 명을 몰래 끌어들여 음란 행위를 했다. 경문왕이 화랑으로서 왕위에 오른 사실을 보면, 이들은 10대 후반의 화랑이었을 것이다. 왕은 이들에게 중요한 관직을 주며 정치를 맡겼다. 젊은 화랑들이 정치에 참여하는 것은 산적한 문제를 해결하는 데 도움이 될 수도 있었다. 젊은 혈기는 대개 개혁적이기 때문이다. 하지만 전왕 대부터 시중을 차지하고 있던 준홍 같은 인물이 자리를 지키면서 실질적인 물갈이는 없었다. 오히려 왕에게 아첨하는 사람들이 총애를 받아 정치를 농단했다. 뇌물을 공공연하게 바치고 상벌을 사적인 이해관계에 따라 처리했다. 위홍이 살아 있을 때보다 나라의 기강이 더 무너져 갔다. 정치 기강의 해이는 부패의 사슬을 만들어 냈고, 피해는 고스란히 백성들에게 돌아갔다. 진성여왕과 주변 사람들에 대한 불만이 쌓이는 가운데 어떤 사람이 당대의 정치를 비방하는 글을 지어 길거리 벽에 붙였다. 이 글은 부처의 지혜를 뜻하는 다라니의 은어로 쓰여 있었다.

찰니나제 판니판니소판니
우우삼아간 부이사바하

찰니나제는 진성여왕, 판니판니소판니는 셋째 관등 소판, 우우삼아간은 여섯째 관등 아찬, 부이는 위홍의 배우자인 부호부인魏好夫人이다. 그리고 사바하는 그 앞의 말이 원만히 이루어지기를 바란다는 뜻으로 주문이나 진언의 끝에 붙는 후렴이다. 그렇다면 이 벽서는 진성여왕과 측근들이 신라의 모든 것을 해 먹는다고 비판한 것이다.

진성여왕이 벽서를 붙인 범인을 찾아내라고 명령했으나 찾진 못했다. 이때 측근 중 한 사람이 나서 주장했다. 범인은 자리를 얻지 못해 불만을 품은 문인일 테니, 대야주로 내려가 은거하는 왕거인王巨仁이 틀림없다는 것이다. 여왕은 왕거인을 잡아 감옥에 가두었다. 왕거인이 혐의를 부인했지만, 결국 사형 집행이 결정되었다. 그는 분하고 원통한 마음에 감옥의 벽에 시를 썼다.

우공于公이 통곡하자 3년 동안 가물었고
추연鄒衍이 슬픔을 머금으니 5월에 서리가 내렸다.
지금 내 가슴속 깊이 품은 근심은 옛날과 비슷한데
하늘은 아무 말 없이 푸르기만 하구나.

우공은 한의 지방관으로서 재판을 공정히 했다. 고향의 어느 효부가
시어머니를 살해했다는 혐의로 억울하게 재판에 넘겨져서 그가 힘껏
변호했지만, 효부는 사형을 당했다. 이에 우공이 통곡하면서 하늘이 분
노했고, 그 뒤 3년이나 가물었다고 한다. 추연은 전국시대 연 소왕昭王의
스승이다. 소왕이 죽고 그 아들 혜왕惠王이 즉위하자, 추연이 무고로 감
옥에 갇혔다. 억울한 추연이 하늘을 우러러 통곡하자, 음력 5월에 서리
가 내렸다는 것이다. 여자가 한을 품으면 오뉴월에 서리가 내린다는 말
과 통한다.

왕거인이 우공과 추연의 이야기를 통해 자신이 죄 없이 옥에 갇힌
것을 하소연했다. 그러나 하늘이 분노하지 않고 날씨만 좋으니, 더욱더
억울하다는 것이다. 그런데 저녁에 갑자기 구름과 안개가 끼고 천둥이
치며 우박이 내렸다고 한다. 우공과 추연의 경우처럼 하늘이 분노한 것
이다. 사실이 아닐 수도 있지만, 백성들은 이렇게 생각할 수도 있었다.
사실 경주의 여론은 왕거인 편이었다. 불안해진 여왕은 왕거인을 석방
해 돌려보냈다. 『삼국유사』는 감옥에 벼락이 쳐서 왕거인이 탈출했다고
한다. 감옥의 지붕이 특별히 높았을 리 없으니, 실제로 벼락이 떨어졌을
가능성은 적다. 다만 이런 이야기가 돌 만큼 왕거인의 처지에 공감하는
사람들이 많았던 것이다.

왕거인은 억울함을 호소하기 위해 하늘의 분노가 있어야 한다고 강조했다. 다라니 벽서에 호응한 것이기도 하다. 진성여왕과 그 측근 세력에 대해서도 하늘의 분노가 있을 것이라고 에둘러 표현했다. 왕거인은 정치적 뜻을 펴기 위해 노력하다 실패하고 지방으로 내려간 지식인을 대표한다. 이런 사람들 가운데 6두품이 많았다. 왕족인 진골 김씨와 학력이나 실력 차이가 없어도 출세하지 못하는 좌절을 겪다 보니, 진골 바로 아래 신분인 6두품의 불만이 가장 컸기 때문이다.

888년 3월, 여왕이 병석에 누웠다. 원래 건강한 편이 아닌 데다 왕거인의 예언이 마음에 응어리로 남은 것이다. 여왕은 사형 이하 형벌을 받은 죄수들의 상황을 참작해 사면을 베풀고 예순 명에게 승려가 되는 것을 허락했다. 당시에 승려가 된다는 것은 각종 세금과 부역으로부터 벗어난다는 뜻이었다. 사실상 귀족과 비슷한 대우를 받는 것이다. 여왕은 이런 은혜를 베풀어, 이반한 민심을 달래려 했다. 하지만 왕거인의 예언이 빗나갈 기미는 보이지 않았다.

떨쳐 일어서는 지방 세력

진성여왕 대에 정치적 기강 해이가 지방에도 큰 영향을 미쳤다. 부패의 사슬이 백성에 대한 착취를 낳았기 때문이다. 정강왕 대에 이어 이상 기후도 그대로였다. 여왕이 즉위한 887년 겨울에 눈이 오지 않았는데, 겨울 가뭄이 심하면 다음 해 농사가 잘될 리 없다. 888년 여름에 가뭄이 심했다. 그 뒤에도 몇 년 동안 흉년이 이어지면서 백성들의 생활은 점점 더 어려워졌다. 백성은 굶주리고 창고가 텅 비어 불안한 상황이 계속되었다.

이런 상황은 경주 인근도 예외가 아니었다. 한기부소금강산에 살던 지은知恩이 품팔이로 곡식을 마련해 어머니를 봉양하다 이마저 할 수 없게 되었다. 그러자 부잣집에 종으로 들어가기로 하고 쌀 10여 섬을 마련해 어머니를 봉양했다. 이 사실을 안 어머니가 딸의 손을 잡고 통곡했다. 이런 사연을 접한 화랑 효종孝宗이 곡식 100섬과 옷가지를 주었으며 지은의 주인에게 보상한 뒤 지은을 다시 평민으로 만들어 주었다. 그를 따르는 낭도도 곡식을 내어 지은을 도왔다. 이 소식을 들은 여왕은 나라의 곡식 500섬과 집 한 채를 내려 주고 곡식을 지키도록 군대까지 보냈다.

지은의 효행은 당에 전할 만큼 널리 알려졌으나, 대부분의 백성은 이런 혜택을 받을 수 없었다. 효녀 지은 이야기는 도탄에 빠진 백성의 불만을 잠재울 미담으로 발굴되었을 뿐이다. 지방의 백성은 형편이 훨씬 더 어려웠고, 지방관들이 중앙으로 보내는 세금은 크게 줄었다. 나라의 창고가 텅 비어, 889년에는 여왕이 지방에 사람을 보내 세금을 내라고 독촉했다. 그런데 지방관이 세금을 쥐어짜니 농민들이 들고일어났다. 사벌주의 원종元宗과 애노哀奴가 농민들을 이끌고 반란을 일으킨 것이다. 여왕이 이를 진압하라고 영기令奇를 보냈지만, 그가 이끄는 정부군은 반란군의 성채를 멀리서 보고 겁에 질려 나아가지 못했다. 오히려 촌주 우련祐連이 자신의 사병을 이끌고 적극적으로 공격했는데 전사하고 말았다. 여왕은 명령을 따르지 않은 죄로 영기를 사형에 처하고, 우련의 어린 아들에게는 촌주 자리를 잇게 했다. 농민들이 봉기하지 않도록 지방 세력의 협조를 구하기 위한 조치였다. 그만큼 지방 농민들의 불만은 극에 달한 반면, 신라 정부는 이를 진압하지 못할 정도로 허약해져 있었다.

그동안 신라에서 일어난 반란은 대부분 김씨 왕족 간의 왕위 쟁탈전이었다. 생활고에 지친 농민들이 중앙정부에 반기를 든 것은 처음이다. 게다가 정부군이 이를 제대로 진압하지 못해 충격적이었다. 이 일은 중앙정부에 반기를 든 세력이 등장하는 데 기폭제가 되었다. 전국적으로 농민들이 들고일어나기 시작했다. 이들이 정부의 눈에는 도적떼였지만, 참여한 농민으로서는 목숨을 부지하기 위해 불가피한 선택이었다. 이들은 관공서나 부잣집을 약탈하고, 귀족의 후원을 받는 사찰을 공격해 곡식을 빼앗았다. 그야말로 온 나라가 전쟁터로 변했다.

일찍이 중앙정부로부터 인정받은 지방 세력이 등장한 적이 있다. 왕위 쟁탈전에서 김경신元聖王에게 패한 김주원이 왕족 간 타협에 따라 명주군왕으로 임명된 것이다. 또 흥덕왕 대에 장보고가 서남해 교역로를 안정시킨 대가로 청해진 대사 칭호를 받았다. 이와 달리 원종과 애노의 난에서 정부군의 무력한 대응은 중앙의 통제력이 급격히 무너졌음을 보여 줄 뿐이었다. 이때부터 지방 각지에서 중앙정부의 지배를 거부하는 호족들이 본격적으로 등장했다. 891년 10월에 북원原州의 호족이던 양길梁吉은 부하 궁예弓裔를 보내 영월, 평창, 울진 일대를 항복시켰다. 원주에서 동해안에 이르는 지역이 양길의 세력권으로 들어간 것이다.

892년에는 견훤甄萱이 완산에서 후백제를 세웠다. 호족 세력이 처음으로 국가의 형태를 갖추기 시작한 것이다. 이에 무주 동남쪽의 세력들이 후백제에 항복했다. 당으로 가는 사신의 길이 막힐 지경이었다. 894년 10월에는 궁예가 부하들을 이끌고 명주로 들어가 독립했다. 그 뒤 그는 영서 지역에서 예성강 일대에 이르는 넓은 영토를 확보했다. 진성여왕의 중앙정부는 이를 보고 있을 수밖에 없었다. 896년에는 서남쪽 땅에서 붉은 바지를 입고 여러 지역을 다니며 도적질을 하는 적고적이 나타났다. 이들이 경주 서쪽 모량리에서 민가를 약탈하고 돌아갈 만큼 폭넓게 활동했는데, 신라 정부는 이마저 제대로 제어하지 못했다.

진성여왕 대에 일어난 지방 세력은 극심한 생활고를 견디지 못한 농민들을 기반으로 삼았다. 이들의 반란은 일시적 현상으로 그쳤지만, 중앙정부의 무력한 대응은 호족들이 독립적인 세력을 이루는 계기가 되었다. 진성여왕은 극에 달한 농민들의 불만과 호족의 등장을 동시에 해결해야 했다.

최치원의 시무 10조를 둘러싼 갈등

진성여왕의 측근은 신라가 당면한 수많은 문제를 해결할 능력이 없었다. 문제 해결을 위해 노력을 기울였다는 흔적도 발견되지 않는다. 이런 상황에서 적극적인 해결 방안을 제시한 인물이 바로 최치원이다.

원종과 애노의 난이 일어난 다음 해인 890년 1월에 햇무리가 다섯 겹으로 둘렀다고 한다. 왕을 상징하는 해 둘레에 보통 한 겹인 햇무리가 다섯 겹으로 나타났으니, 왕을 겹겹이 둘러싼 측근 세력의 권력 농단을 상징적으로 보여 준다. 이달 15일에 진성여왕이 황룡사에 행차해 연등회를 구경했다. 불교를 통해 왕권을 안정시키려는 시도는 일상적이었지만, 당면한 문제를 적극적으로 해결하려는 시도는 없었다. 그러는 사이에 독립적인 지방 세력이 여기저기에서 등장하자, 여왕이 다급해졌다. 894년 2월, 여왕이 당면한 문제를 해결하기 위한 방안을 제시하라고 신하들에게 지시했다. 이때 최치원이 시무 10조를 올렸다. 시무는 급히 처리해야 할 사항을 말하는데, 10조를 구성한 내용은 전하지 않는다. 다만 이것을 올릴 때까지 최치원의 경험을 살펴보면, 내용을 어느 정도 짐작할 수 있다.

최치원은 경문왕 대인 868년에 열두 살이라는 어린 나이로 당에 유학을 떠났다. 아버지 견일은 10년 안에 당의 과거에 급제하지 못하면 아들로 여기지 않겠다고 말했다. 6두품이던 최치원 가문은 아무리 노력해도 대아찬 이상의 관등에 오를 수 없었다. 골품제가 엄격하게 운영되던 신라에서는 신분별로 관등의 한계가 정해져 있었기 때문이다. 견일은 아들이 당에서 골품제의 한계를 뛰어넘어 출세하기를 갈망했다.

874년, 최치원이 외국인을 대상으로 한 과거인 빈공과에 합격했다. 그 뒤 율수현위를 시작으로 관직 생활을 이어 갔다. 황소의 난이 일어난 뒤 회남절도사 고변이 이를 진압하는 사령관이 되자, 최치원은 그의 종사관으로 활동했다. 그 뒤 그가 당에서 문필가로도 이름을 날렸다. 하지만 당이 정치·군사적으로 혼란에 빠지자, 885년에 29세의 나이로 귀국했다.

문장력이 뛰어난 최치원은 한림학사가 되어 진성여왕을 위해 글 짓는 일을 주로 맡았다. 당에서 쌓은 경험과 학문적 실력을 여왕에게 인정받은 것이다. 하지만 여왕의 측근들 중에 그의 출세를 시기하는 사람들이 늘어났다. 결국 최치원은 지방에 내려가 태산군^{정읍 칠보} 태수, 부성군^{서산} 태수 등으로 전전했다. 그 뒤 당에 사신으로 파견되는 길에 올랐는데, 전국적으로 기근이 발생하고 호족들이 들고일어나면서 길이 막혔다. 결국 한참 뒤에 새해를 축하하는 하정사로서 당에 다녀오게 되었다. 당시 당은 지방의 반란이 잠잠해지고 일시적으로나마 안정을 되찾고 있었다. 여왕에게 시무 10조를 올린 것이 이 무렵이다.

당시 신라 정부에서 가장 큰 문제는 조세에 대한 백성들의 불만이었다. 유교에서는 일반적으로 소출 가운데 10분의 1 정도를 걷으라고 권했다. 세금을 지나치게 거둬 농민들이 반발하면, 국가의 운영이 사실상 불가능하기 때문이었다. 그가 태수로 있던 태산군이 견훤의 세력권으로 넘어간 것도 백성들의 불만 때문이었다. 따라서 최치원은 조세 징수부터 합리화하는 방안을 주장했을 것이다. 신라에 닥친 더 큰 위협은, 최치원이 지방관으로 일한 때부터 경험한 독립적 지방 세력의 등장이었다. 지방의 도독이나 태수, 현령이 이들에게 대처하기는 어려웠다. 따라서 시무 10조에는 지방관에게 군사 통솔력을 부여하는 대책이 포함되었을 것이다.

최치원이 왕의 명령에 따라 지은 대숭복사비문을 보면 인^仁과 효^孝에 바탕을 둔 정치를 강조하며 경문왕과 헌강왕이 어진 정치와 효를 실천

대숭복사비
이 비에 새겨진 글에서 최치원은 경문왕과 헌강왕이 어진 정치와 효를 실천했다고 칭송했다. 이 비는 복원된
것이고, 쌍거북 비석 받침 진품은 국립경주박물관 뜰에 전시되어 있다.

한 주인공이라고 내세웠다. 시무 10조에서도 진성여왕이 인과 효에 바
탕을 두고 유교적 통치를 강화해야 한다고 했을 것이다. 이를 위해 유교
교육기관인 국학의 기능 강화를 요청했을 가능성이 크다.

　그는 당에서 실력으로 관리를 선발하는 과거제를 경험했다. 신라에서
는 원성왕 대부터 독서삼품과가 실시되었지만, 골품제의 한계를 벗어나
진 않았다. 김씨 진골 귀족이 대아찬5등 이상의 관직을 독점했고, 6두품
이하 사람들은 아무리 실력이 뛰어나도 아찬6등 이하의 관직만 얻을 수
있었다. 최치원은 유학이나 문필 실력만 보면 상대등도 충분히 맡을 사
람이다. 하지만 아찬 이하의 관직만 받았으니, 불만을 품지 않을 수 없
다. 이런 점을 생각하면, 시무 10조에서 관리 선발 기준을 신분이 아닌

능력에 두라고 요구했을 것이다. 당에서 관리로 일하며 선진적인 국가 체제를 경험한 최치원이 보기에 신라에는 불합리한 면이 많았다. 본인의 잘못이 없는데 허물을 뒤집어쓰는 경우도 적지 않았다. 따라서 국가 기구의 합리적인 운영도 언급했을 것이다.

시무 10조는 진성여왕이 보기에도 합리적인 내용을 담고 있었다. 여왕은 이를 받아들였을 뿐만 아니라 최치원을 아찬으로 임명했다. 6두품으로서 올라갈 수 있는 최고 관등이었다. 왕권을 안정시키고 신라를 구할 수만 있다면, 최치원의 건의를 실행하고 싶었을 것이다. 최치원은 그 뒤 왕실 도서를 관리하는 기관의 대표인 지서서감사를 맡았고, 오늘날의 국방부 차관에 해당하는 수병부시랑 자리까지 올랐다.

최치원의 건의 중에서 지방 세력에 대한 대책은 일부 시행된 것 같다. 진성여왕 대부터 지방관을 성주로 부르는 사례가 보이기 때문이다. 주州 단위에서는 지주제군사知州諸軍事도 보이는데, 이는 당의 변경 지역에서 군사권을 행사한 절도사를 모방한 것으로, 당에서 관리로 일한 최치원의 경험이 반영되었다. 촌주에게 높은 관등을 주며 중앙정부에 대한 충성을 유도하는 정책도 지방 세력을 통제하기 위한 일종의 응급 대책이었다.

그런데 시무 10조가 모두 실행될 경우 진골 귀족은 특권을 상당 부분 잃어야 했다. 따라서 시중 준흥을 비롯한 여왕의 측근 세력은 시무 10조 실행을 적극적으로 반대했다. 결국 최치원은 자신의 뜻을 펼 수 없었다. 시대를 잘못 만난 점을 가슴 아파하며 관직을 그만두었다. 그는 경주의 남산, 강주의성군 빙계동의 빙산, 합천의 청량사, 지리산 쌍계사 등지를 방

해인사
최치원이 말년에 가족을 이끌고 이곳에 들어가 여생을 보냈다. 진성여왕이 태자에게 왕위를 물려준 뒤 잠시
지내다 사망한 북궁이 해인사라는 견해도 있다.

랑하면서 세월을 보냈다. 경치 좋은 곳에 정자를 짓고 책도 읽고 시를 읊조렸다. 가족을 이끌고 가야산 해인사로 들어가 조용히 지내다 생을 마감했다.

최치원은 뛰어난 실력과 풍부한 경험으로 신라의 위기를 극복하려 한 개혁의 선두 주자다. 하지만 신라의 골품제를 뒤엎는 혁명적 변화까지 추구하지는 않았다. 그가 지은 비문에 따르면, 신라의 지배 체제를 인정하는 범위 내에서 합리적인 개혁을 추구했다고 볼 수 있다. 어떤 면에서는 신라의 지배 체제를 유지하기 위해 왕실과 지배층의 문제점을 현상적인 수준에서 비판했다.

진성여왕은 경문왕 대 이후 뿌리박은 실력자들에게 둘러싸여 있었다.

이들을 배제하고 신라 사회를 개혁하려는 의지도 부족했던 것이 사실이다. 최치원의 시무 10조를 받아들인 것은 위기에 처한 왕권과 신라의 절박함에서 나온 일시적 조치일 뿐이었다. 최치원의 개혁을 지원했다기보다는 보수의 테두리 안에서 현상적 개선을 잠시 추구했다고 볼 수 있다. 신라를 이끌어 갈 정치의 근본적인 개혁은 측근들의 반대로 무산되었다. 최치원의 시무 10조는 국가의 위기를 타파하고 모순을 해결할 마지막 기회였다. 신라는 이 기회를 놓쳤고, 보수의 수렁에서 영영 헤어나지 못했다. 진성여왕은 헌강왕의 서자 요를 태자로 삼았고, 헌강왕 대에 상대등을 지낸 박예겸朴乂謙이 정치적 실세로 복귀했다. 그가 정치적 주도권을 장악하고 위기를 극복하려 했지만, 변화의 흐름을 막을 순 없었다. 천년 왕국 신라는 몰락을 향해 치닫고 있었다.

15

경순왕, 천년 왕국을 왕건에게 바치다

견훤이 앉힌 경순왕

진성여왕을 이어 효공왕이 즉위했을 때 신라의 상황은 더욱 악화되고 있었다. 898년 7월에 궁예가 예성강 서쪽과 한주 관내 30여 성을 차지하고 송악^{개성}을 도읍으로 삼았다. 그가 900년 10월에 국원^{충주}, 청주 일대를 차지하고 이듬해에 후고구려를 세우며 왕이 되었다. 같은 해에 견훤은 도읍을 완산으로 옮겨 후백제왕이 되었다. 후삼국시대가 열린 것이다.

견훤과 궁예는 경쟁적으로 신라 땅을 잠식했다. 905년에 도읍을 철원으로 옮긴 궁예가 죽령 동북쪽까지 침입해 약탈했지만, 효공왕은 이를 막을 힘이 없었다. 고작해야 변경의 성주들에게 나아가 싸우지 말고 성벽을 굳건히 지키라고 명령했을 뿐이다. 907년에는 견훤이 소백산맥을

신라 말 박씨 왕가의 성립과 소멸

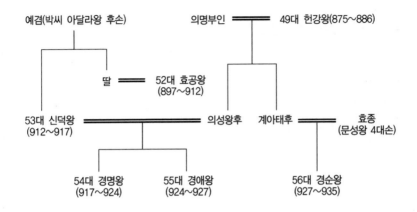

넘어 일선군^{구미} 이남의 10여 성을 빼앗았다. 낙동강 중류 일대가 그의 손에 들어가면서 신라는 경주까지 위협당할 지경이었다. 그러나 효공왕은 위기에 대처할 방법을 찾기는커녕 첩에게 빠져 정치를 외면했다.

912년 4월에 효공왕이 아들 없이 세상을 떠나 헌강왕의 사위 두 명이 왕위를 놓고 경쟁했다. 그중 효종은 문성왕의 4대손으로 진성여왕 대에 효녀 지은의 사정을 여왕에게 보고해 신임을 받았다. 그리고 경휘景暉는 박예겸의 아들이다. 왕통으로는 효종이 유리한 위치에 있었다. 하지만 헌강왕 대에 상대등을 지내고 진성여왕 대 후반기에도 정치적 실권자였던 박예겸의 후광을 받은 경휘가 즉위해 신덕왕神德王이 되었다. 나중에 그의 아들들이 즉위해 경명왕景明王과 경애왕景明王이 되니 박씨 왕통을 다시 연 신덕왕은 8대 아달라왕의 후손으로 전한다.

그런데 박씨 집안과 김씨 왕실이 왕위를 서로 다투는 상황에서 지방이 잘 통제될 리 없었다. 916년 8월에 견훤이 대야성을 공격했다. 신라 군이 이곳을 지켜 냈지만, 낙동강 중류로 통하는 남강 유역 일대가 위협 받고 있었다.

경명왕 대인 918년 6월에는 후고구려에서 왕건이 궁예를 몰아내고 고려를 세웠다. 7월에는 상주의 호족 아자개阿玆蓋가 왕건에게 항복해 낙동강 상류의 요충지가 고려로 넘어갔다. 이보다 더 신라를 위협한 세 력은 후백제다. 920년 1월에 경명왕이 왕건에게 사신을 보내 우호 관계 를 요청했다. 상대적으로 힘이 약하던 고려가 후백제에 대항하기 위해 신라와 우호 관계를 맺었고, 그러자 강주의 장군 윤웅閏雄이 고려에 항복 했다. 신라에서 주도권을 왕건에게 내줄까 봐 염려한 견훤은 기병 1만 을 거느리고 대야성을 공격해 함락하고 진례金海까지 진군했다. 그러자 경명왕이 왕건에게 도움을 요청했고, 왕건이 신라를 구하면서 견훤은 군대를 철수했다. 고려는 상주에서 진주까지 북에서 남으로 연결하려 했고, 후백제는 낙동강의 서쪽에서 동쪽으로 연결해 고려의 남하를 막 으려 했다. 그 틈바구니에서 경명왕은 고려에 의지해 후백제의 공격을 간신히 막아 내고 있었다. 이해에 왕건이 신라의 사신 김률金律에게 신라 의 세 가지 보배 가운데 성대聖帶가 아직 남아 있는지를 물었다. 성대는 진평왕 대 이래 소중하게 간직하던 천사옥대天賜玉帶를 가리키는데, 그 행방을 몰랐던 김률은 제대로 대답할 수 없었다. 신라를 도운 왕건이 천사옥대의 행방을 물은 것은 단순한 호기심 때문이 아니었다. 그가 신 라의 안위를 걱정하는 한편으로 신라를 손에 넣고 싶다는 생각을 은연 중에 내비친 것이나 마찬가지였다. 922년 1월에 하지성안동 풍산읍 장군

원봉元奉과 명주 장군 김순식金順式, 진보의성 장군 홍술洪術이 왕건에게 항복했다. 이듬해 7월에는 경산부성주 장군 양문良文도 왕건에게 항복했다. 왕건은 후백제의 공격으로부터 신라를 보호한다고 내세우면서도 신라의 영토를 적극적으로 잠식하고 있었다.

경애왕 대인 925년 10월에는 고울부영천 장군 능문能文이 왕건에게 항복했다. 하지만 왕건은 이곳이 경주에 가깝다는 이유로 능문을 그냥 돌려보냈다. 이곳을 차지하는 것이 왕건에게 반가운 일이지만, 당시 군사력이 우세하던 견훤과 전면적으로 충돌할 필요는 없었다. 왕건이 낙동강 유역의 일부를 차지하면서 고려와 후백제 사이에 긴장이 더해졌다. 왕건은 견훤과 인질을 교환해 대치선을 유지하려 했는데, 경애왕은 사신을 통해 견훤과 친하게 지내지 말라고 권유했다. 왕건은 그 말이 일리가 있다고 했지만, 결정을 번복할 마음은 없었다.

그런데 926년 4월, 후백제의 인질로 고려에 있던 진호眞虎가 갑자기 죽었다. 견훤의 조카인 그의 죽음으로 고려와 후백제의 일시적 평화가 깨지기 시작했다. 이듬해 1월에 왕건이 후백제를 공격하자, 경애왕이 군대를 보내 도왔다. 이에 불만을 느낀 견훤은 9월에 고울부를 공격하며 경주의 교외까지 접근했다. 경애왕이 구원을 요청해 왕건이 군사 1만을 보냈지만, 구원병이 도착하기 전인 11월에 견훤이 경주를 급습했다.

당시 경애왕은 왕비와 궁녀, 왕실의 친척들과 포석정에서 연회를 베풀고 있었다. 당시 왕실의 연회는 보통 궁궐 내 임해전에서 열렸다. 그렇다면 한겨울인 음력 11월에 이들이 단순히 잔치를 벌이려고 포석정에 모인 것은 아니다. 이곳은 신라의 시조인 혁거세가 탄생한 나정에

경애왕릉
경애왕은 포석정에서 나라의 안녕을 기원한 뒤 연회를 벌이다 견훤에게 살해당했다.

가까웠다. 기울어 가는 신라의 안녕을 빌기 위해 제사 지낸 뒤 연회를
벌인 것이다.

견훤의 군대가 들이닥칠 줄 몰랐던 경애왕 일행은 당황했다. 왕과
비가 후궁으로 달아났으나 견훤의 군대에 잡혔다. 견훤은 왕을 윽박질
러 자살하게 하고, 왕비를 겁탈했다. 그의 부하들도 궁녀들을 욕보였다.
왕의 친척과 신하들이 목숨만 살려 달라고 빌었으나 화를 면하지는 못
했다.

견훤은 김부金傅를 경순왕으로 앉혔다. 경애왕의 어머니인 의성왕후
義成王后와 경순왕의 어머니인 계아태후桂娥太后가 모두 헌강왕의 딸이다.
경순왕은 경애왕의 이종 형제인 동시에 경문왕의 아들인 헌강왕의 외손

자다. 문성왕의 4대손인 효종의 아들이기도 했다. 경순왕의 즉위로 신덕왕이 연 박씨 왕통은 단절되고, 경문왕 계통의 김씨 왕통이 열렸다.

견훤이 경애왕을 죽인 것이 도덕적으로는 패륜이다. 하지만 경문왕을 잇는 김씨 왕가는 박씨 왕가에게 빼앗긴 왕위를 되찾고 싶었다. 이들 가운데 적어도 일부는 경애왕의 죽음과 경순왕의 즉위를 반기고 있었다. 견훤은 김씨 왕통을 복원한다는 명분을 내세워 자신의 행위를 정당화했다. 하지만 실제로는 고려 쪽으로 기운 경애왕을 응징해 신라에서 왕건의 영향력을 제거하려던 것이다. 이를 위해 견훤은 경순왕의 동생인 효렴孝廉을 인질로 데려갔다. 경순왕은 견훤과 왕건의 틈바구니에서 신라의 운명을 이끌어야 하는 어려운 상황에 빠졌다.

신라의 안방에서 격돌한 견훤과 왕건

927년 9월에 왕건이 고울부를 구하기 위해 원군을 보낸 것은 신라에서 견훤의 영향력을 제거하기 위한 선택이었다. 신라에 대한 영향력을 확대한다는 목적도 있었다. 하지만 견훤이 경주를 선제공격해 왕건이 목적을 이룰 수 없었다. 이때부터 왕건과 견훤은 신라를 놓고 치열하게 격돌했다. 경주를 향해 출발한 왕건이 기병 5000을 이끌고 공산公山팔공산 밑에서 견훤의 군대와 마주쳤다. 왕건의 양팔과 같던 장군 김락金樂과 신숭겸申崇謙이 전사하고 왕건은 겨우 몸만 빠져나올 수 있었다. 견훤은 여세를 몰아 대목군칠곡군 약목까지 빼앗았다. 왕건이 신라를 둘러싼 주도권 다툼에서 치명적인 패배를 당했다.

이듬해 1월에도 고려의 장군 김상金相이 초팔성合천군 초계에서 견훤 편에
선 호족 흥종興宗과 싸우다 죽었다. 5월에는 강주의 장군 유문有文이 견훤
에게 항복했다. 왕건은 낙동간 선을 따라 남하해 견훤과 경주의 사이를
갈라놓으려 했지만 번번이 실패했다. 오히려 견훤이 낙동강의 동서를
가로질러 세력권을 확대하려는 전략에 성공하고 있었다.

8월에는 견훤이 대야성을 장악해 이곳에 머물렀고, 대목군과 부곡성
군위군 의흥까지 차지했다. 929년 7월에는 견훤이 군사 5000으로 의성을
공격하자, 고려의 홍술이 나아가서 싸우다가 죽고 말았다. 왕건은 자신
의 두 팔을 모두 잃었다면서 통곡했다. 이어 순주안동 풍산 장군 원봉까지
견훤에게 항복했다. 견훤은 낙동강의 상류로부터 그 중류와 남강 일대
까지 세력을 뻗치고 있었다. 왕건은 10월에 견훤의 공격으로부터 가은
현문경 가은을 지키는 데 만족해야 했다.

그런데 930년 1월에 재암성청송군 진보 장군 선필善弼이 왕건에게 항복했
다. 재암성은 견훤의 세력권을 동쪽에서 압박할 수 있는 곳이고, 신라와
통하기에도 유리한 위치였다. 왕건이 대단히 기뻐하며 선필을 상보尚父로
삼았다. 주周의 무왕이 여상呂尚을 상보로 삼은 것처럼 선필을 존장으로
대우하겠다는 뜻이었다. 얼마 후 왕건과 견훤의 군대가 고창군안동 병산
아래에서 격돌했다. 이 전투에서 왕건이 크게 승리했다. 견훤은 군사
8000명이 전사하는 큰 피해를 보았다. 왕건이 견훤을 상대로 한 전투에
서 처음으로 크게 이겼다. 그러자 안동 주변과 하곡울산, 송생청송 등 30
여 군현이 왕건에게 항복했다. 낙동강 상류는 이미 889년부터 반란이

일어나던 곳이고, 고려와 후백제의 지배가 수시로 뒤바뀐 곳이다. 이 지역은 두 나라의 세력 변화에 민감했다. 그래서 왕건의 상승세를 직감한 이들이 바로 고려에 항복한 것이다.

왕건은 고려를 세운 이래 한강 유역에서 넓은 영토를 확보했지만, 군사력은 원래 견훤보다 열세였다. 929년까지도 낙동강 유역에서 군사적 주도권은 견훤에게 있었다. 공산 전투가 이를 상징하는 사건이다. 하지만 왕건이 고창 전투에서 승리하면서 낙동강 유역을 둘러싼 경쟁의 주도권을 확실히 장악했고, 이것이 신라의 운명에 커다란 분기점이 되었다.

왕건의 경주 방문을 둘러싼 기싸움

견훤의 손으로 왕위에 오른 경순왕은 후백제의 간섭하에 있었다. 그 반면 왕건은 신라와 우호 관계를 잃을 경우 견훤과 맞서는 데 명분을 내세우기가 어려웠다. 경순왕이 즉위한 직후에 왕건이 사신을 보내 경애왕의 죽음을 위로한 것이 이 때문이다. 그런데 고창 전투에 승리하면서 왕건이 신라와의 관계에서도 주도적인 위치에 서게 되었다. 930년 2월에 왕건이 경순왕에게 사신을 보내 자신의 승리를 알렸다. 견훤의 손으로 왕위에 오른 경순왕에게 반드시 기쁜 소식일 순 없었다. 왕건에게 당하거나 생명이 위태로워질 수도 있었다. 그 반면 견훤에게 당한 신라의 설움을 극복하는 기회가 될 수도 있었다. 견훤과 맞선 왕건이 주도권을 잡은 이상, 경순왕은 왕건에게 손을 내밀어 자리를 지키려고 했다. 이에 경순왕이 답례로 사람을 보내 왕건에게 회담을 요청했다.

왕건이 남쪽으로 내려오긴 했어도 경주를 목적지로 삼진 않았다. 마침 동해안의 명주 이남 홍예_{울산}에 이르는 110여 성이 왕건에게 항복했다. 왕건은 이들을 달래기 위해 경주 인근 이어진까지 내려갔다. 그러자 북미질부성_{흥해}과 남미질부성의 성주도 항복했다. 이들의 항복을 받은 왕건은 개경으로 발길을 돌렸다.

낙동강 유역과 신라 땅에서 주도권을 잡은 왕건으로서는 급할 것이 없었다. 그가 경순왕을 제거하겠다는 신호를 보내진 않았지만, 신라 땅의 대부분을 손에 넣었다. 신라의 운명은 사실상 결정되어 있었다. 왕건은 신라를 보호한다는 명분을 지키기 위해 경주를 손에 넣지 않았을 뿐이다. 왕건은 이 명분을 경명왕 대부터 지켰다. 이런 상황에 무력으로 신라 왕실을 무너뜨린다면, 경애왕을 죽인 견훤과 다를 바 없는 놈이라고 신라인들에게 비난받을 것이 뻔했다. 경순왕은 왕건이 자신을 지켜주길 원했지만, 왕건은 그럴 마음까지는 없었다. 후백제와 단절하고 고려하고만 우호 관계를 맺으라고 경순왕에게 요구했다. 견훤의 손으로 왕위에 오른 경순왕에게는 무리한 요구였다. 이에 대해 경순왕이 뚜렷한 답을 내놓지 않자, 왕건이 방향을 틀어 돌아가 버린 것이다.

개경으로 돌아간 왕건은 고창 전투 이후 후백제와의 대결 상황을 점검하고 신라를 처리할 방안을 모색했다. 이듬해 2월에 왕건이 기병 50여 명만 이끌고 경주 인근에 이르러 경순왕에게 만나기를 청했다. 왕건이 신변을 크게 걱정하지 않을 만큼 신라는 힘을 잃은 상태였다. 왕건의 방문은 경순왕이 요청하던 것이고, 신라의 왕족들에게도 중대한 사안이었다. 경순왕이 사촌 동생인 김유렴金裕廉을 보내 왕건을 영접하고 궁궐 밖에 나아가 맞이했다. 그리고 임해전에서 연회를 열었다. 술이 얼근하게 취한 경순왕은 견훤이 의롭지 못한 짓을 저질러 나라가 망하게 되었다고 호소했다. 그가 눈물을 줄줄 흘리자, 신하들이 목메어 따라 울었다. 경순왕의 눈물은 왕건이 신라의 영토를 상당 부분 차지해도 신라 왕조를 유지하게 해 달라는 애걸이었다. 왕건도 눈물을 흘리며 위로했지만, 경순왕의 애걸에 확답하진 않았다. 그 대신 경순왕과 태후, 비 그리고 신하들에게 선물을 주었다. 왕건의 이런 행동이 견훤과 크게 비교되었다. 견훤이 침공했을 때 승냥이나 호랑이를 만난 것 같더니, 왕건의 방문은 부모를 뵌 것이나 마찬가지라고 칭송했다.

하지만 왕건이 신라 왕조를 보존해 주기 위해 오랫동안 머문 것은 아니다. 신라 지배 세력의 상황을 파악하면서 이들을 고려로 흡수할 방안을 모색했다고 볼 수 있다. 이때 왕건은 경주에서 석 달 넘게 머물렀고, 그동안 왕건과 경순왕 사이에 협상이 진행되었다. 경순왕이 신라 왕조만은 지켜 달라고 했고, 왕건은 고려가 신라를 흡수하되 경순왕의 지위를 상당 부분 유지시켜 주겠다고 제시한 것 같다. 왕건이 오랫동안 머무른 것은 협상의 결론이 쉽게 나지 않았기 때문이다. 결국 왕건은 유렴을 인질로 삼아 개경으로 돌아갔다. 의견이 합치되지 않은 부분은 다음 협상으로 미뤄졌고, 유렴은 담보로 제공되었다. 왕건이 형식적으로나마 경순왕을 임금으로 대하던 태도도 이제 바뀌게 되었다. 왕건의 경주 방문이 신라인들에게 좋은 소식이었지만, 실제로는 왕건이 경순왕의 결단을 압박하는 수단이었다.

개경으로 가는 길

왕건이 다녀간 경주에 더는 희망이 없었다. 왕건은 신라 사람들에게 좋은 말을 건네면서도 신라를 보존해 주겠다고 약속하진 않았다. 신라 왕실은 산 것도 아니고 죽은 것도 아닌 상태에서 이름만 유지했다. 신라의 운명은 나락으로 곤두박질치고 있었다.

931년 8월, 왕건이 경순왕에게 비단과 말을 보내고, 신하와 군사 들에게도 선물을 주었다. 외교상의 하례품보다 왕이 신하에게 주는 하사품 같았다. 경순왕에게는 어서 빨리 항복하라고 재촉하는 편지처럼 보였다. 왕건이 경주를 정복하진 않았지만, 신라를 구원한다는 명목으로 경주 주변까지 군대를 파견해 지키도록 했다. 사실상 신라를 옥조이고 있었다.

후백제의 상황도 악화되어 갔다. 고창 전투 이후에도 견훤은 예성강 등지에서 왕건에게 맞섰으나 역부족이었다. 934년 9월에는 운주洪城 주변의 30여 군현이 고려에 항복했다. 고려와 접한 지역의 호족들이 급격히 왕건 쪽으로 기울고 있었다.

935년 3월, 견훤이 막내아들 금강金剛에게 왕위를 넘기려 하자 그 형인 신검神劍·양검良劍·용검龍劍이 금강을 죽이는 사건이 벌어졌다. 이들이 견훤을 금산사에 유폐하고 왕위는 신검이 차지했다. 3개월 뒤 견훤이 탈출해 왕건에게 항복했다. 왕건은 견훤에게 남쪽 궁궐을 내주어 머물게 할 만큼 후하게 대접했다. 양주를 식읍으로 주어 편히 살도록 했다.

견훤이 항복했다는 소식을 들은 경순왕에게 더는 선택의 여지가 없었다. 10월에 왕이 신하들과 무거운 분위기 속에서 회의를 열었다. 왕은 땅과 백성을 사실상 모두 빼앗긴 상황에서 나라를 이끌어 갈 수는 없다고 말했다. 왕건에게 항복하는 것이 현실적인 선택이라는 뜻이었다. 신하들의 의견은 찬성과 반대가 팽팽하게 맞섰다. 이때 왕자가 나섰다. 나라가 존속하고 멸망하는 것은 하늘의 명에 달렸으니, 힘써 지키다 힘이 다하면 그때 항복을 논의해도 된다고 주장했다. 천 년 사직을 하루아침에 가볍게 내줄 순 없다는 것이었다. 하지만 왕은 끝까지 버티는 것은 죄 없는 백성을 죽음의 구렁텅이로 밀어 넣는 짓이라고 단언했다. 결국 고려에 항복하기로 결정되었다. 왕자는 울면서 왕에게 하직하고 금강산으로 들어가 삼베옷을 입고 풀로 연명하다 생을 마쳤다.

11월에 경순왕이 김봉휴金封休를 보내 왕건에게 항복을 청했다. 왕건은 섭시중 왕철王鐵을 보내 김봉휴를 맞이했다. 고창 전투에서 승리한 뒤 왕건은 신라의 운명을 놓고 경순왕과 보이지 않는 줄다리기를 했다. 겉으로는 신라 왕실을 존중하는 것처럼 대우하면서 사실상 항복하도록 분위기를 만들어 왔다. 그 결실의 순간이 온 것이다. 왕건이 천 년을 이어 온 신라의 전통을 계승한 왕임을 만천하에 과시할 기회를 잡았다. 왕건은 즉시 왕철을 보내 경순왕의 요청에 동의한다고 알렸다.

마침내 경순왕이 경주를 출발해 개경으로 향했다. 구슬로 장식한 말들이 향나무로 만든 왕의 수레를 끌었다. 그 뒤로 왕족과 신하들이 따랐다. 궁궐에서 일하던 수많은 사람들도 행렬에 참가했다. 왕실의 보물과 온갖 귀중한 물건들이 수레에 실려 갔다. 각 지역에서 왕건에게 바친 예물도 함께 실려 갔다. 행렬이 30여 리에 뻗치고, 구경하는 사람들이 좌우에 늘어서 장사진을 이루었다.

견훤이 경주를 침공한 927년에 많은 보물을 빼앗아 갔지만, 신라를 상징하는 물건은 아직 많았다. 천 년 동안 간직한 역사책과 문서, 왕실이 쓰던 각종 집기, 여인들의 장식물 등이 수레에 실려 갔다. 장구한 세월 동안 왕실이 누리던 문화와 추억도 따라갔다. 천년 왕국의 역사가 통째로 움직이고 있었다.

왕건은 경순왕에게 궁궐 동쪽의 좋은 집 한 채를 내려 편히 살도록 배려했다. 정승공正丞公이라는 칭호를 주고 형식상 태자보다 높이 대우했

경순왕릉
935년에 왕건에게 신라를 바친 경순왕은 978년에 개경에서 사망해 이곳 연천군 장남면 고랑포리에 묻혔다.

다. 해마다 쌀 1000섬도 주었다. 견훤보다 훨씬 후한 대우였다. 그 대신 신라의 왕도 금성金城은 왕건에게 경사스러운 일을 한 지역이라는 뜻에서 경주慶州라고 부르게 했다. 이곳은 경순왕의 식읍으로 제공되었다. 경순왕에게는 큰 혜택이었지만, 천년 왕국 신라는 영원히 역사 속으로 사라졌다.

왕건은 경순왕에게 맏딸인 낙랑공주를 아내로 삼게 했다. 경순왕은 왕건의 사위가 되고, 신라의 왕이 아니라 고려에 충성하는 신하가 되었다. 경순왕은 작은아버지 김억렴金億廉의 딸을 왕건에게 시집보냈다. 훗날 그녀의 손자는 고려의 8대 왕 현종顯宗이 되었다. 경순왕의 딸은 경종景宗과 결혼해 헌숙왕후獻肅王后가 되었다. 경순왕의 항복으로 신라는 망했지만, 그 혈통은 고려 왕실로 이어졌다.

경순왕은 견훤과 왕건의 틈바구니에서 신라 왕실을 유지하기 위해 고민의 나날을 보냈다. 이미 국운이 기운 상황에서 그의 희망은 이룰 수 없는 꿈에 불과했다. 견훤과 왕건의 세력이 부침하면서 경순왕의 운명도 출렁거렸다. 임기응변으로 신라의 명줄을 계속 붙잡으려던 그의 노력은 왕건이 견훤과 맞선 싸움에서 기선을 제압해 물거품이 되고 말았다. 그는 신라를 지키는 불멸의 화신이 되기보다는 현실에 순응하는 길을 선택했다. 이 선택은 역설적으로 신라의 전통과 유산을 오늘날까지 적잖게 전하는 계기가 되었다.

참고 문헌

1. 신라를 세운 수많은 혁거세들

한국정신문화연구원, 『신라 오릉』, 1990.

신라사학회, 『신라의 건국과 사로 6촌』, 경인문화사, 2012.

2. 탈해이사금, 석씨 왕가를 개척하다

이부오, 「이사금 대 초기 사로국 간위의 성립과 분화」, 『한국상고사학보』 36, 2002.

3. 내물마립간, 신라를 반석에 올리다

이부오, 『신라 군·성(촌)제의 기원과 소국 집단』, 서경, 2003.

김현숙, 「문자 자료로 본 고구려와 신라의 관계」, 『신라의 대외관계』, 국립경주박물관, 2020.

4. 법흥왕, 고대국가의 초석을 다지다

신형식, 「신라 병부령고」, 『역사학보』 61, 1974.

이병도, 『한국고대사연구』, 박영사, 1985.

이기백, 『신라사상사연구』, 일조각, 1986.

주보돈, 「울진봉평신라비와 법흥왕 대 율령」, 『한국고대사연구』 2, 1989.

남희숙, 「신라 법흥왕 대 불교 수용과 그 주도 세력」, 『한국사론』 25, 서울대학교 인문대학 국사학과, 1991.

최광식, 「신라의 불교 전래, 수용 및 공인」, 『신라 사상의 재조명』, 신라문화선양회·경주시, 1991.

이근직, 『신라왕릉연구』, 학연문화사, 2012.

5. 이사부 장군, 영토 확장의 영웅이 되다

김호동, 「삼국시대 신라의 동해안 제해권 확보의 의미」, 『대구사학』 65, 2001.

심현용, 「고고자료로 본 신라의 강릉지역 진출과 루트」, 『대구사학』 94, 2009.

김창석, 「신라의 우산국 복속과 이사부」, 『역사교육』 제111집, 2009.

홍영호, 「6~7세기 고고 자료로 본 동해안과 울릉도」, 『이사부와 동해』 창간호, 2010.

김창겸, 『신라와 바다』, 문현, 2018.

6. 진흥왕, 삼국 통일의 밑돌을 놓다

노용필, 『신라진흥왕 순수비 연구』, 일조각, 1996.

전덕재, 「관산성전투에 대한 새로운 고찰」, 『신라문화』 34, 2009.

최남선, 이부오 옮김, 『고적답사기』, 경인문화사, 2013.

장창은, 『고구려 남방 진출사』, 경인문화사, 2014.

임평섭, 「신라 진흥왕 대 주의 폐치와 순수: 진흥왕순수비를 통해 살펴본 순수의 전략적 의미」, 『신라문화』 48, 2016.

장창은, 『삼국시대 전쟁과 국경』, 온샘, 2020.

7. 김춘추와 김유신, 삼국 통일의 문을 열다

김덕원, 「신라 선덕왕 대 김춘추의 외교 활동과 정국 동향」, 『신라사학보』 5, 2005.

주보돈, 「김유신의 정치 지향: 연구의 활성화를 기대하며」, 『신라사학보』 11, 2007.

이부오 외, 『한국고전사: 고대 편』, 육군본부, 2007.

이종욱, 『춘추』, 효형출판, 2009.

김병곤, 「왜 개신 정권의 출현과 김춘추의 사행」, 『신라사학보』 25, 2012.

황보경, 『역사 자료로 본 삼국과 한강』, 주류성, 2016.

8. 문무왕, 당에 맞서 삼국을 통일하다

변태섭, 「삼국 통일의 민족사적 의미」, 『신라문화』 2, 1985.

김수태, 「신라의 천하관과 삼국 통일론」, 『신라사학보』 32, 2014.

장원섭, 「신라 삼국 통일론 논의의 연구사적 검토」, 『신라사학보』 43, 2018.

이상훈, 「고구려 영류산의 위치와 나당연합군의 진로」, 『한국고대사탐구』 34, 2020.

이덕산, 장원섭 옮김, 「7세기 중엽 조선반도 형세와 당조의 대응 정책」, 『한국고대사탐구』 36, 2020.

9. 신문왕, 통일신라의 뼈대를 완성하다

김상현, 「만파식적 설화의 형성과 의의」, 『한국사연구』 34, 1981.

김희만, 「신라 신문왕 대의 정치 상황과 병제」, 『신라문화』 9, 1992.

서영교, 「9서당 완성 배경에 대한 신고찰: 나당전쟁의 여진」, 『한국고대사연구』 18, 2000.

한준수, 「신라 중대 국학의 설치와 운용」, 『한국고대사탐구』 17, 2014.

김성혜, 「만파식적 관련 연구사 검토 (1)」, 『신라문화제 학술 논문집: 신라 중대 신이의 역사』 39, 동국대학교 신라문화연구소, 2018.

10. 경덕왕, 중대 왕권의 안위를 근심하다

박해현, 「신라 경덕왕 대의 외척 세력」, 『한국고대사연구』 11, 1997.

한준수, 「신라 경덕왕 대 군현제의 개편」, 『북악사론』 5, 1998.

조범환, 「《삼국유사》 기이편의 〈경덕왕 충담사 표훈대덕〉조에 대한 검토」, 『신라문화제 학술 논문집: 신라 중대 신이의 역사』 39, 동국대학교 신라문화연구소, 2018.

11. 원성왕, 신라 하대의 왕통을 열다

이기백, 『신라정치사회사연구』, 일조각, 1974.

김경애, 「신라 원성왕의 즉위와 하대 왕실의 성립」, 『한국고대사연구』 41, 2006.

김창겸, 「신라 선덕왕 즉위에 대한 재검토」, 『한국고대사탐구』 25, 2017.

김혜민, 「〈갈항사 석탑기〉를 통해 본 원성왕의 세력 기반」, 『한국고대사탐구』 35, 2020.

박남수, 「신라 종묘제의 정비와 운영: 중국 종묘제의 변천 및 운영 원리와 관련하여」, 『신라사학보』 49, 2020.

12. 장보고와 신무왕, 골품제의 장벽을 넘다

서윤희, 「청해진대사 장보고에 관한 연구: 신라 왕실과의 관계를 중심으로」, 『진단학보』 92, 2001.

안주홍, 「신라 하대 문성왕 대의 정국」, 『신라사학보』 19, 2010.

정운용, 「청해진 장보고 세력의 정치적 한계」, 『한국사학보』 59, 2015.

서영교, 「《삼국유사》 신무대왕·염장·궁파 조의 이해」, 『신라문화제 학술 논문집』
　　　38, 동국대학교 신라문화연구소, 2017.

13. 경문왕, 신라의 중흥을 꾀하다

전기웅, 「신라 하대 말의 정치사회와 경문왕가」, 『부산사학』 16, 1989.

조범환, 『임금님 귀는 당나귀 귀?』, 푸른역사, 2005.

장일규, 「숭복사비명과 경문왕계 왕실」, 『역사학보』 192, 2006.

박수진, 「신라 경문왕가와 성골의 재등장」, 『역사와 현실』 111, 2019.

14. 최치원과 진성여왕, 개혁과 보수의 기로에 서다

전기웅, 「신라 말기 정치사회의 동요와 6두품 지식인」, 『한국고대사연구』 7,
　　　1994.

이재운, 「최치원의 정치사상 연구」, 『사학연구』 50, 1995.

전기웅, 「신라 말의 개혁과 최치원」, 『신라사학보』 5, 2005.

권영오, 「진성여왕 대 농민 봉기와 신라의 붕괴」, 『신라사학보』 11, 2007.

장일규, 『최치원의 사회사상 연구』, 신서원, 2008.

15. 경순왕, 천년 왕국을 왕건에게 바치다

신호철, 「신라의 멸망과 견훤: 견훤이 신라 멸망에 끼친 영향」, 『충북사학』 2,
　　　1989.

김갑동, 「신라의 멸망과 경주 세력의 동향」, 『신라문화』 10·11, 1994.

신호철, 『후삼국사』, 개신, 2008.

정선용, 『고려 태조의 신라 정책 연구』, 서강대학교 박사 학위논문, 2010.

권영오, 「후백제군의 포석정 습격과 경순왕 옹립」, 『한국고대사탐구』 13, 2013.

김창겸, 「신라 경순왕의 가계와 그 신분」, 『신라문화』 44, 2014.

박순교, 「신라 '경애왕의 죽음'과 견훤·왕건의 공방: 왕건·견훤의 서한을 중심으
　　　로」, 『동아인문학』 37, 2016.

_____, 「신라 경애왕의 죽음과 고려 구원군 파병의 진위 문제」, 『동아인문학』 38, 2017.

공통

이기동, 『신라 골품제 사회와 화랑도』, 일조각, 1984.

김수태, 『신라 중대 정치사 연구』, 일조각, 1996.

국사편찬위원회, 『한국사』 7~9, 1997~1998.

조범환, 『우리 역사의 여왕들』, 책세상, 2000.

김창겸, 『신라 하대 왕위 계승 연구』, 경인문화사, 2003.

황선영, 「신라 하대 경문왕가의 왕위 계승과 정치적 추이」, 『신라문화』 27, 2006.

이마니시 류, 이부오 외 옮김, 『이마니시 류의 신라사 연구』, 서경문화사, 2008.

한준수, 『신라 중대 율령 정치사 연구』, 서경문화사, 2012.

육군본부 육군군사연구소, 『한국군사사 2: 고대 Ⅱ』, 경인문화사, 2012.

신라 천년의 역사와 문화 편찬위원회, 『신라사 대계』 2~7·12·13, 경상북도문화 재연구원, 2016.

조범환, 『중세로 가는 길목 신라 하대사』, 새문사, 2018.

이부오, 「6세기 신라의 가야 지역 지배와 가야 유민의 역할」, 『신라사학보』 50, 2020.

최병현, 『신라 6부의 고분 연구』, 사회평론아카데미, 2021.

천년 왕국 신라의 운명을 바꾼 사람들

초판 1쇄 인쇄 : 2021년 10월 15일
초판 1쇄 발행 : 2021년 10월 20일

지 은 이 : 이부오
발 행 인 : 박종서
발 행 처 : 도서출판 역사산책
출판등록 : 2018년 4월 2일 제2018-60호
주　　　소 : (10477) 경기도 고양시 덕양구 은빛로 39, 401호
　　　　　　(화정동, 세은빌딩)
전　　　화 : 031-969-2004
팩　　　스 : 031-969-2070
이 메 일 : historywalk2018@daum.net
페이스북 : www.facebook.com/historywalkpub/

ISBN 979-11-90429-20-7 03910